我所期待的是：
死后的生命

大卫·鲍森

版权所有 ©2022 大卫鲍森事工（David Pawson Ministry CIO）

本书作者已按《版权、设计与专利法案1988》（Copyright, Designs and Patents Act, 1988）取得著作权并据以保护。

本书于2022年经由Anchor首次出版。Anchor为大卫鲍森出版有限公司（David Pawson Publishing Ltd）的商业名称。

David Pawson Publishing Ltd
Synegis House, 21 Crockhamwell Road,
Woodley, Reading RG5 3LE

未经出版社事先书面同意，任何人不得以任何形式或方式通过电子或机械方式（包括影印、录制或任何信息储存和检索系统）复制或传播本书的任何部分。

如欲了解更多有关大卫鲍森的教导资料，包括DVD及CD，可浏览以下网址：
www.davidpawson.com

欢迎到以下网址下载免费资料：
www.davidpawson.org

想查询更多有关资讯，请电邮至
info@davidpawsonministry.com

ISBN 978-1-913472-57-3

由Ingram Spark承印

目录

前言	1
1. 死后的生命	5
2. 死亡与复活之间	31
3. 复活	51
4. 审判	73
5. 地狱	95
6. 更多问题	117

本书源自一系列的谈话。由于其口语化的特质，许多读者会发现风格和我过往的著作不尽相同，但我希望这无损于书中关于圣经教导的实质。

一如既往，我请求读者能将我所说、所写的内容与圣经进行比对，其中若有任何观点与圣经抵触，请务必以圣经上清楚的教导为准。

大卫·鲍森 1930-2020

前言

大卫牧师生命的最后一年是在疗养院中度过的。他花了许多时间思考未来,准备好在那天来到时,与他的主——这位创造天地的主见面。

在某次拜访大卫牧师的过程中,他对我说:"主为我预备了一个事工,我为此奔跑,如今已经完成。我很期盼进到我人生的下一个阶段:死后的生命。"大卫牧师说,他希望这可以成为他最后一次讲道,也是他临别讲道的主题。

由于新冠肺炎和封城的缘故,我们无法为大卫牧师进行最后一次的录像录音,但由于存档中还有他于1970年初期在吉尔福德镇米尔米德中心(Millmead Centre)一系列关于这个主题的分享,这些就成了本书的内容。

大卫牧师明确地表示他不想要举行追思礼拜:

"我不想要被颂扬,或被尊崇。"

他不希望有人来"庆祝他的一生",而是对我说,"等到得着复活身体的那一天,我们就可以和祂(耶稣)一起来庆祝!"

大卫牧师相信并教导,在死亡那一刻,我们会以一种没有形体的状态与主耶稣同在,进入一个被耶稣称为

"乐园"的地方，是一个与我们最后安息的天堂不尽相同的地方。

大卫牧师对于死亡并不感到恐惧。事实上，与恐惧恰恰相反的是，他"怀着期待和兴奋的心情，终于能够见到耶稣，并进入祂的同在之中"。如同在他祖父墓碑上所刻的一句话所述：

"多棒的一场相遇！"

大卫牧师现在终于可以得到他保存在文件柜最底层抽屉里，那个名为"到时候就知道了（I'll know when I get there）"的文件上许许多多问题的答案了。

大卫牧师逝世于 2020 年 5 月 23 日——耶稣升天日——当天，那是一个大卫牧师认为已经在教会日历中失去其重要性的日子。

但大卫牧师一直很看重耶稣升天日。在封城前的几天，大卫牧师问我说：

"你知道耶稣升天日的重要性吗？"

他继续说道：

"教会在圣周五（Good Friday）庆祝主耶稣上十字架，但祂并不是在星期五受死的。教会在圣诞节庆祝主耶稣的出生，但祂并不是在十二月出生的，主耶稣甚至没有提到祂出生的日期。但耶稣升天日却整个从教会的日历中消失了。"

在回答大卫牧师的问题时，因着对大卫牧师知识的敬佩，又怕弄错他的意思，我就回答说，我当然知道耶稣升天日的重要性。然后在令人尴尬的停顿之后，我才请他澄清他所要表达的具体意思。

大卫牧师回答：

"如果耶稣没有升天，祂就不会差圣灵来。如果祂没有差圣灵来，就不会有五旬节！如果祂没有差圣灵来，我们现在就不会坐在这里——事实上，我们可能连碰面都不会。"

认识大卫牧师真的是一种荣幸。他以如此清晰易懂的方式所分享的知识可以说是无价之宝。

我期盼着那一天，当我们也得到复活身体时，可以与他一同庆祝！

在那之前……愿神的事工持续下去。

史蒂夫（Steve）

第一章
死后的生命

我想以旧约中的一段经文来作为开场：

"活着是何等美好的一件事！如果人可以终老，就让他享受人生，但也让他知道永生远比今生更为长久；相较之下，地上的事物仅是过眼云烟。年轻人哪，青春何等美好！享受年轻的每一刻！做你想做的，看你想看的；但要知道，你必在神面前为所做的一切交账。因此，除掉愁烦，但要记得，当你年轻时，一生虽在你面前，你却可能会犯严重的错误。不要因为年轻，就兴奋地忘了创造你的主。趁着年轻，在不幸的日子来到前——在你无法继续享受生命前，尊荣你的神。不要等到你的眼目已经看不到日头、光明、月亮、星宿，天边的彩霞也不再璀璨之时，才发现为时已晚。因为终有一天，你的四肢将因年老而颤抖，腿上的力量不再，牙齿松脱无力咀嚼，眼睛也无法看见。因牙齿全然脱落，进食时就将嘴唇紧闭！清晨雀鸟一叫，你就起床，却无法听见，口中只发出哼哼的声音。你既怕高处，又怕跌倒——

一个猥琐的白发老人，拖曳着身子行走；对性不再怀有渴望，伫立在死亡的门边，走进他永远的家，只剩吊丧的在街上往来。是的，趁你现在还年轻，谨记创造你的主——在生命的银链折断，金罐破裂之前；在瓶子于泉旁损坏，水轮在井口破烂之前；因为到那时，尘土将归还于地，灵归于赐灵的神。"（传道书11章7节—12章7节；当代圣经（Living Bible）直译）

这是旧约中一段非常切合实情的经文，直接点出生命真实的光景，而不害怕去面对这些事实。在本章和接下来的章节中，我将谈到关于"死后的生命"这个主题，因为基督徒是惟一能够真实面对这个主题的一群人。基督徒能够由复活的光明中来面对这件事，其他的人则只能带着猜测、怀疑和恐惧来面对。我们也将审视关于死后生命的各个主题和层面。但在那之前，我们必须先来正视死亡这件事。死亡是生命中最真实的一件事，它是我们可以清楚预测的未来，因此我们应该面对死亡，将其视为一个已经被征服的仇敌。这就是我们希望能在本章中达成的目标。

为了和大家介绍这个主题，我将采访我所牧养的教会中一位在医界工作多年的会友，请他来谈论这个主题。我认为医界人士看过死亡的次数会比其他行业的人多上许多，和他们相比，传道人可能只能排第二。或许

第一章 死后的生命

我应该将殡葬业者放在第一位，医界人士第二，传道人可能是第三。但无论如何，我们都有一个共同点，就是我们都和死亡脱离不了关系。我将会提出一些这方面的问题，好帮助我们来面对这个事实，由基督徒的眼光来看这件事，并了解其中的含义。

大卫："身为医界的一份子，你经常需要面对死亡。事实上，你看过死亡的次数可能比这家教会会友的人数还多。我想要请问你，从你第一次的经验到现在，你对于死亡的反应在这些年间有没有什么改变。你是否变得愈来愈冷淡，或者你认为这就是临床上的实务，或者这已经成为你日常生活中的一部分，还是你有其他的想法？谢谢。"

医师："我想在这么多年之后，一个人对死亡的感觉应该会变得愈来愈冷淡。就像在第一次开刀时，大部分人可能会晕倒，但很明显地，你必须让自己坚强起来，好在心理层面上去应对它。虽然如此，但对于死亡的冲击，那种突如其来、无法预测的本质是你永远无法视若无睹的。当然，死亡永远是一个人生命中的仇敌。它的来临，可以使手术功败垂成，或使应该药到病除的情况逆转。尤其是做为一名基督徒医师，我的祷告就是让我的心能够保持敏锐，能够理解这个事实，而非变得冷漠。"

大卫:"说到死亡是敌人这一点,圣经也这样说的。但对你来说,你的呼召就是与死亡搏斗。你尝试着一次又一次地去战胜它,但你一定也知道,到头来,你还是无法获得完全的胜利。你只能将这个敌人推迟,却无法将之永久推开。这让我想到,在你的经验中,死亡是否永远都是不好的呢?有时,我们会听到有人说这是'怜悯的解脱'。若有人在受苦,处在痛苦之中,或经历了很多困苦,人们反倒会觉得死亡是一件好事。从这个角度上来看,你会觉得死亡有时是件好事吗?"

医师:"正如你所说的,我们需要接受这个事实,每个人都会死。人的身体迟早都会变得虚弱,甚至染病。到那时,死亡很明显是一种解脱,我们也需要如此来接受它。但这也会带出许多问题,例如在一个人已经快要死亡之时,你是否应该加速这个过程。当然,这些问题很难回答,也有很多争议。"

大卫:"那你会在哪里设立界线呢?有人说,如果病患要求死亡,他们应该可以得到他们所求的;但如果是他们亲属的要求,那么那个可怜的医师就会夹在两难之中了。你会在哪里设立界线呢?"

医师:"在我看来,医师的训练、养成和医师誓言就是要保全生命、挫败死亡。因此医师不应该扮演刽子手的角

第一章 死后的生命

色。当然,这也涉及到最近国会所通过的立法,许多医师都因此感到愤怒。在我看来,这样的二分法是会令人精神分裂的:有一半的时间要医师竭力拯救生命、保全生命、治愈生命;但就另一方面来看,却又要他们掌握生杀大权。我认为,如果病患无法确信你不会突然决定停止医治他们,并将他们杀死的话,他们是不可能信任你的。同样地,在医师的心中,这样的冲突是很激烈的。我认为如果他们希望有一群人有权结束他人的生命,不管是在子宫内或在生命的终点,那他们应该训练另外一群专门的人来做这件事。因为我觉得不可能要医师同时扮演这两种角色。"

大卫:"本周有一位医师在电视上提到,对于一个已经完全无助和绝望的人,若他染上肺炎,他会顺其自然,而不会去阻止。"

医师:"这是真的,我认为蓄意结束生命和所谓干扰生命的自然过程有着极大的差别。如果一个患有无药可医的重病的人染上肺炎,或是手术出了极大的差错,导致一个人无法再次获得幸福的人生,我认为在这种情况下,花费大量现代的医疗资源仅为了要延长他们的生命是不正确的。同样地,如果一个人经历剧烈的疼痛,因而想要注射一种可以缓解疼痛,但却有可能夺去他生命的药剂,这和一个人有意识地要求结束生命的情况是截然不同的。"

大卫："我想我们最好先向会众解释一下什么是'医师誓言（Hippocratic Oath）'。因为它听起来有点像'伪善誓言（hypocritical；译注：hypocritical 和 Hippocratic 两字的英文发音极为相似）'。我想很多人并不了解医师与死亡对抗这件事竟然不是从基督教开始的。你可否告诉我们什么是'医师誓言'呢？"

医师："我宣誓'医师誓言'已经是在很久之前的事了，因此我必须承认自己无法背诵出来，也无法讲解其中的细节。但基本上，医师的工作就是要去到病患身边医治他们，竭尽所能地治愈、护理他们，并挫败所有想要结束生命的不当医疗行为或企图。这就是'医师誓言'最主要的精神。它基本上是人道主义的想法，基督教的信条则是后来才加上去的。"

大卫："医师誓言是从什么时候开始的呢？"

医师："大约是公元前 500 年。"

大卫："所以在耶稣降生之前，医疗专业就已经在使用这个誓言了。另外，我想要请问你，对我或一个人的亲属来说，最大的问题之一就是，从人的角度来说，当一个人已经无药可治时，要把这件事告诉他们是一个重责大任，却也是很微妙的一件事。对于去告诉他们说他们快要死了，你有什么想法？"

第一章 死后的生命

医师:"我认为这通常是医生得要去做的事,但也会有例外。有的时候,如果一个人不想知道,通常他在态度或语气上会很清楚地表现出来;有时则是因为他们病得太重,而无法直接告诉他们;又有些时候,老实说,他们可能就是不聪明,因而听不懂你在告诉他们的事。"

但一般来说,我认为当人们被告知他们不太可能从现在的病痛当中恢复时,虽然医师无法说出一个精确的时间点,但对他们还是很有帮助的。我认为最可惜的情况就是,病患和亲属之间彼此都想要向对方隐瞒。亲属会认为他们是在保护病患,然而病患的内心早就知道自己真正的病情,却也以为自己向亲属隐瞒得很好。"

大卫:"是的,我想要说我们都曾经遇到这样的情况,其他人会说,'先不要告诉他们,他们还不知道这件事',但我们很快就会发现他们其实早就知道了,因而在他们之间总弥漫着一种不真实的氛围。你认为谁应该负责告诉那个人?通常谁是最适合的人选呢?"

医师:"因为我们在医院工作,所以通常都会认为自己并非那个合适的人选。如果要在医疗团队当中寻找所谓合适的人,我认为以认识病患的家庭医师为佳,最好是选择在他们家中,在一个他们熟悉的环境中告诉他们。除此之外,我认为最理想的人选就是家里的成员,但我认为这可能会非常困难,而且很大程度上,这得要看这个人是否有能力完成这个工作。"

大卫："的确是非常困难。因为他们需要知道何时是最合适的时机，不然可能就会太晚了。但大部分人过世时都很平静，不是吗？"

医师："是的，的确如此。我曾经以为在过世之前会很痛苦，但根据我的经验，事实并非如此。"

大卫："我在一位传道人所写的书中读到，他从未看过有人在过世时是不平静的，无论他们的一生如何。这也带出一个问题：如果每个人过世时都很平静，那么基督徒和非基督徒在过世时会有任何差别吗？你曾经留意过这点吗？"

医师："是的，我认为把这一点指出来是很重要的。有些基督徒认为只有基督徒知道死亡像是什么样子的。从某个角度来看，这也许是对的；但一般来说，如果我们认为非基督徒过世时都会很惊恐、颤抖、畏缩，那就大错特错了。我认为通常基督徒在过世时会带着安息、宁静的盼望。他会感到平安，因为他知道，这就像手术前的麻醉一样，他将经历一些情况，然后从中醒来。非基督徒过世时则通常带着一种坚忍的态度；他期盼着最好的状况，但如果没有，就把这当作停电一样，黑掉之后就什么都没有了。我认为这就是两者之间的差别。"

第一章 死后的生命

大卫:"这一切对你自己的想法产生过任何影响吗?你是一名基督徒,也经常看见死亡。你曾想过关于自己死亡的情况吗?这是一个很私人的问题。但身为一名基督徒医师,你的经验对你的态度有什么影响呢?"

医师:"我认为是有的。我是否想过关于自己的死吗?我认为应该和你或大部分的会众差不多而已。就像生病一样,因为你已经看太多了,因此不太能够相信这种事会发生在自己身上,所以医师的反应通常都是最糟糕的那一种,他们的反应可能会比大部分的人都还要晚才出现。对我而言,身为一名基督徒是否有帮助?我认为是有的。你可能才刚和一个很有活力的人在说话,然后他们的并发症突然发作,人就离开了,只留下一具尸体。若以人的本能来看,而没有基督信仰的话,我觉得自己会完全无法相信一个人的生命火焰就这样被掐熄了。"

大卫:"所以这样说来,你作为医师的科学训练并没有让你不再相信死后的生命?因为生物学家解剖尸体,宣称没有找到灵魂。你对此有何反应呢?"

医师:"我认为生命有许多抽象的特质是无法透过解剖找到的,例如你无法找到人格特质。但就另一方面来看,人格特质是非常真实的。抱歉,我认为一个人的科学知识在某个层面上是因为他的信仰而被增强的,但反之却不尽然。"

大卫:"非常感谢你今天早上和我们的分享。"

....

我相信你曾听过这个故事——一个非常有名的故事——是关于第一批基督教的宣教士来到北英格兰的诺森比亚(Northumbria)——正好也是我的家乡——的故事。宣教士们抵达英王爱德华(King Edwin)的宫殿,因此他邀请他们去参加宴会。想象一下当时的光景,长而低矮的大厅,两侧各有一扇门,有芦苇铺在地板上,灯火环绕在周围的墙上挂着。国王招待着这些宣教士,并询问他们许多宗教上的问题,因为这是他第一次接触到这个宗教。正当他在说话之际,一只麻雀突然从其中一扇门飞了进来,经过灯火通明的房间,再从另一扇门飞了出去。英王爱德华转头向宣教士们问道,"我的生命也是如此。我来自于未知;经过世界这个灯火通明的房间;然后又进入黑暗之中。你们的宗教可以告诉我任何关于未来的事吗?我会去到哪里呢?"因为他们能够回答,爱德华王成为一名基督徒,而诺森比亚成了一个信仰基督的国度。

在旧约中,约伯的大哉问至今依然不变,"人若死了,岂能再活呢?"我们感兴趣的不是我是否可以活在他人的记忆当中,或我是否可以活在我所做的工作、我的儿女,或我曾有过的影响力当中,而是我是否可以以人的身份继续活下去?"人若死了,岂能再活呢?"这就是

第一章 死后的生命

我们要在本书中讨论的问题。让我们先来看看死亡这件事，在我们能够正视这件事之后，我们才有可能继续下去。但至关紧要的是，我们应该要正视死亡这件事。

诗人们不约而同地同意这个事实。我们在此举两个例子来看。"有一件事是确定的，其余的都是谎言；／曾经盛开的花已永远逝去。"另一首诗则是写道："死亡将他冰冷的手放在王的身上：／权杖和王冠／必将倾倒，／他在尘土中被公平对待／以弯曲的大镰刀和铁锹。"在世上的某个角落，每一秒都会有人死去。

我们每次上街时，都需要面对死亡。它可能突然来到、也可能慢条斯理，可能出乎意料，也可能早在预期之中。他来到老人身边，也来到年轻人身边。这是一个从不需要担心会失业或罢工的行业，我相信直到历史终了之前都不会有那么一天。如果这是一个如此笃定的事实，那么不为此先做准备的人岂不是无比愚蠢？想想看，如果再过六个月，你就要搬到加拿大去，永远住在那里。但你却从不花时间去想这件事、从未阅读过关于加拿大的书、未曾做过任何准备、从未问过可以带些什么或是不能带些什么，那你一定是个彻头彻尾的傻瓜。如果你从未为这趟旅程做任何的准备，那你一定是个彻头彻尾的傻瓜。你会措手不及、毫无防备。然而，最简单的一个事实却是，世上的每一个人都知道我们必然会死，却不愿意去听或去思想这一件事，从不想要去预备好自己，也不想要问任何问题。"我可以带些什么？什么是我带不走的？"

死后的生命

在这里还有几节旧约圣经中的经文:"人死的日子胜过人生的日子。往遭丧的家去强如往宴乐的家去,因为死是众人的结局,活人也必将这事放在心上。忧愁强如喜笑,因为面带愁容终必使心喜乐。智慧人的心在遭丧之家,愚昧人的心在快乐之家。"这段经文将世人分为智慧人和愚昧人;智慧人会去思想关于死亡的事,愚昧人则否。

为了避免有人认为那是旧约中的内容,容我提醒你,惟一被耶稣称之为"无知的人"的人就是不愿意去思考关于死亡这个问题,也不愿意为此做准备的人。那人说:"我要这么办:要把我的仓房拆了,另盖更大的。"神却对他说:"无知的人哪,今夜必要你的灵魂,而你不得不将这一切抛诸脑后,因为你从未想过这件事,也从未为此做好预备。"

有一个人住在离我们所住的白金汉郡不远的地方,当他快要走到生命的终点时,他的信仰仍极为坚定。当他知道自己已经快要过世时,他写信给他的亲属,邀请他们到他那里去。他在信中如此写道:"来看看基督徒是如何迎接死亡的"。这真的是一个令人惊奇的挑战,这是已经为此预备多年、思考多时的一个人,这是已经预备好的一个人,他已经走完旅程,现在即将和众人道别。

这个时代的人极不愿意去面对生命中这个最大的事实,这件事经常会以许多不同的方式表现出来。但在近几十年来,人们愈来愈不能接受哀伤。现在的人会认为哀伤是不礼貌的。你不应该让别人知道你失去亲人,你

第一章 死后的生命

不该服丧，你不该让丧礼的队伍走得太慢。你应该把这些事都快快地"搞定"。这是在过去五十年间，英国社会的一项惊人改变。我记得有一次和一名五十多岁的社会学家谈到这件事，他曾经花了两年的时间去研究英国人对于死亡的态度。他和数千名失去亲人的人进行访谈，研究我们的社会常态，最终得出一个结论——今天的英国人只想要逃离死亡。

你甚至不可以用"死"这个字来形容某人；你可以用"过世"，但不可以用"死"。你不该把这件事说出来。你需要用一种婉转的方式来修饰它。畅销小说中不再有像《老古玩店》（*The Old Curiosity Shop*；中文版由上海三联书店出版）中小耐儿（Little Nell）临终时那样的场景。那种维多利亚时代音乐剧的情节已经不复存在。虽然在娱乐界和小说中充斥着有人横死的情节，却经常回避了死亡这一明显的事实。人们正在逃离它；甚至连教会也是如此。在大约八十年前，你可以经常听到传道人提到死亡，但现在却几乎已经听不到任何有关死亡这个主题的信息。

有两个人在说话，一个是基督徒，另一个不是。不是基督徒的这个人说："你即将面临死亡。"基督徒说："是的。""那你相信你能胜过死亡吗？""是的，"基督徒说。"你相信你在死后会上天堂吗？"不是基督徒的这个人问。基督徒说："是的，我相信，但我不想要谈论这么病态的事。"这让我们看见，哪怕是一个经常上教会的基督徒，也会觉得谈论死亡和天堂是一件很病态的事。当我们看见前人因为战胜死亡和期盼天堂的到来，而不断地在谈论这件事时，你就会了解到我们的社会已经陷入一种恐惧症当中，而且这个恐惧症现在也已经悄悄地爬进教会。

我再举一个例子。拿近十年来出版的赞美诗歌来说，你会发现歌曲当中关于天堂和死后的生命的诗歌正在逐渐减少。关于天堂的诗歌数量愈来愈少，也就是说我们正在逃离这件事。为什么呢？为什么人们会不喜欢这个主题？为什么我们的心会将之封闭在外？其实是有许多原因的。

其中一个就是我们对于待在这里感到愈来愈舒适。这里的生活实在太美好了，以至于我们不想离开。我们已经安顿好这里的一切，因此关于死亡的想法就好像是在对我们说，"你得要舍弃这里所有的一切"。因为我们有那么多需要抛下的，我们就愈来愈舍不得离开。有一名教会的会友挨家挨户去探访，他来到一家门口说，"我们特地来邀请你到我们教会。我们牧师刚好要分享一系列关于天堂的信息，我们很希望你可以来听听。"主人环顾了一下他漂亮的房子、精美的地毯，以及各样名贵的物品；又看看花园中的游泳池和车库里好几辆的名车，然后说，"请告诉你们牧师，这里就是天堂了。"这是一个非常诚实的反应。对我们而言，这里的生活实在太好了，以至于我们不想离开。我们所拥有的比我们祖父辈所拥有的实在多上太多了。对他们而言，他们没有太多的东西需要舍弃，我们却需要舍弃那么多的东西。但这也意味着我们不想要被提醒说，我们不会永远都在这里。

第一章 死后的生命

一个极为富有的人把他大部分的钱财都拿来买画。他把这些画挂在他大房子的各处，每一幅画上方都有一盏灯照着，一幅幅地摆好供访客观赏。有一天晚上，他的管家看见他走来走去，眼中泛着泪光。他看着这些画，然后对自己喃喃自语地说："你们让死亡变得那么困难。你们让死亡变得那么困难。"这也就是为什么耶稣在两千年前说："投资在天上；不要为自己积攒财宝在地上，因为你的财宝在哪里，你的心也在那里。只要积攒财宝在天上。因为如果你的心在那里，就算有贼来偷，你也不会有任何损失。"

当然，第二个原因就是，除了可以摸得到、看得到、听得到、尝得到和闻得到的这个世界之外，人们不再相信还有其他世界存在。换句话说，大部分人都不相信，除了这个我们知道、可以触摸得到的物质世界之外，还有其他世界存在。大约三十年前，有一位记者说，"四十年前，英国人不再相信有地狱存在；二十年前，英国人不再相信有天堂存在。"我认为他所说的在很大的程度上是对的；虽然根据独立的盖洛普电视民调显示，只有 65% 的英国人不再相信有其他的世界或死后的生命，但至少还有 35% 是相信的。

第三个原因是我们不喜欢任何令人感觉不舒服的想法，而死亡就是其中一种。电视上出现的孩童挨饿的画面时，我们可能会选择转台来摆脱那种令人不舒服的感觉。现今的观念让我们只想要享受现在，进而选择屏蔽掉任何可能会打扰现在的事物。这也就是为什么我们想要逃离死亡的其中一个原因。

第四个原因，也是一个非常适用于这个问题的深层原因，就是我们都不喜欢去结束一段关系。在我们和他人建立关系之后，我们不喜欢去结束它。有趣的是，你可以发现当周遭有人过世时，人们调整关系的方式和他们在结束一段与一群永远不再见面的人共度假期时的方式几乎是一模一样的。他们常用的其中一种方式就是拍很多照片，并彼此交换纪念品。此外还有其他许多结束关系的不同的方式。举例来说，你参加了一趟两周的海外旅行团。第一天在游览车上，大家彼此都还不认识。但到了假期的一半，大家就已经知道彼此的小名。到了假期即将结束之前，大家会开始交换地址。我不知道这么做的意义为何，因为他们的关系已经要结束了。

有趣的是，我们在面对死亡时，关系结束的方式竟与面对假期结束时，关系结束的方式如出一辙。你可能会说："我已经和这群人道别，也不会再去想那些人了。我只是想要偶尔回忆一下当时的时光，但不会尝试着去维持那段关系"；或者你可能会尝试着去珍藏当时的照片，一些帮助你回忆的事物，但你们之间的关系却再也不会像当时一样。换句话说，我们都不喜欢去结束一段关系。但在内心深处，我认为我们为什么想要逃离死亡，是因为大部分人对死亡的恐惧。

第一章 死后的生命

让我们更多来看看这种对于死亡的恐惧。克里夫·李察（Cliff Richard；译注：英国早期非常有名的摇滚乐歌手）曾经被问到说，"你害怕死亡吗？"他的回答令人惊讶，而且非常直接，特别是对基督徒来说，很多人都会同意他的看法。事实上，他也是一个基督徒。他说，"我不怕死亡（death），但我害怕死亡的过程（dying）。"他说得非常诚实，他不害怕死亡。因着基督，他已经战胜对死亡的恐惧，但他害怕死亡的过程。那么，为什么一个不害怕死亡的人会害怕死亡的过程呢？

其中一个原因就是在死亡来临之前的虚弱，不管是生理上，还是心理上的。我很坦白地告诉你，我去拜访一些老年人时，看见他们的生理上极为虚弱，心理上也经常如此，更是经常被像小孩子一般对待，以至于我心中也开始同意约翰·卫斯理牧师（Reverend John Wesley）的祷告。因为他说："主啊，让我不要无用地活着。"我相信大部分人都会同意这个祷告，虽然并不是每个人都可以做到。如果我们可以掌握自己的死亡，那该有多好。但我认为大部分人会害怕死亡过程的原因是因为害怕那走在死亡之前的虚弱，而与之连在一起的，就是我们会受的苦。我想大部分人都会忧虑自己是否会长时间受苦。但这事实上并非对于死亡过程的恐惧，而是在死亡之前会发生的事。

那么，为什么我们会对于死亡的过程感到忧虑呢？事实上，大部分人的确如此。其中一个原因就是，那是我们从未经历过的一件事，而我相信大部分人对于未曾经历过的事都会感到紧张。紧张经常会发生在类似的时刻。如果你已经受过洗，我相信你在受洗之前感觉非常紧张。但是当你经历过后，你就不会了。就某个层面来看，如果你有机会再一次受洗，一定不会那么紧张，这是因为紧张是不必要的。但你会紧张的原因是因为那是一个全新的体验，你从未受过洗。同样地，死亡或死亡的过程也都是我们未曾有过的经验。

从人的角度来看，这是一段孤单的体验。因为我们必须独自一人去经历这个过程。这也就是为什么我们需要耶稣了，因为你的亲朋好友无法陪你一同度过，但耶稣可以，而祂也确实在这么做。我从去医院探访病人的过程中获得许多证据。我注意到，一个快要过世的基督徒在那个过程中不会感到孤单，因为耶稣基督会陪伴他们一起走过这段时光。这是我们生命中的最后一个经历，而恐惧想要趁机进来，因此我们必须要正视这件事。同时，这也是一个提醒，提醒你生命就要结束，可以做决定的机会已经快要过去，撒种的季节就要远离。

我想没有人可以在面对着生命的终点时说："我可以毫无悔恨地去面对它，我在良心上没有任何亏损，也不觉得我还需要再一次的机会，我所做的决定不需要有任何改变。"面对生命的终点，我们每一个人都会有悔恨的地方。但撒种的季节已经结束，可以做决定的机会已经结束。我们已经过完这一生，这一生已经无法重来。我们害怕的是面对这样一个生命结束的挑战。

第一章 死后的生命

但若从另一个角度来看,假设撒种的季节就要结束,现在已经要进到收割的日子。假设我真的做了蠢事,现在已经到了要算总帐的时刻。假设圣经上所说的一切都是真的,我们在内心的深处知道,就算没有现世报,仍有来世的正义,那么很可能我们就能够开始触碰到我们为什么会害怕死亡的深层原因。换句话说,真正的问题是:如果死亡真的是一了百了,那么人就不需要害怕去面对它了。他们可能不喜欢死亡,可能会想要尽量延迟死亡来到的时间;但是当死亡真正来临时,他们没有什么无法面对的。我曾注意到,对一些真正相信在死后什么都没有的人来说,他们并不会害怕死亡。所以我们很可能是因为死亡背后的什么事物而感到恐惧。

约翰·卫斯理坐在前往泰伯恩(Tyburn)的海德公园角(Hyde Park Corner;译注:当时伦敦刑场的所在地)的一辆马车上,在他身旁坐着一个即将接受绞刑的犯人。那位犯人浑身发抖,因此约翰·卫斯理便问他说:"你在害怕吗?"他说:"是的,我很害怕。""你是在怕什么呢?你害怕死亡吗?""不,我一点都不害怕死亡。我曾好几百次面对死亡。"因为他之前是一个劫匪。约翰·卫斯理说:"那么你所害怕的是什么呢?"他回答说:"我所害怕的是在那之后的事。"他对死亡的恐惧是,他将需要去面对自己的一生——他所害怕的是需要去交账的这件事。因此,在这一章中,我们要来面对未来,也就是死后的生命。

死后的生命

关于死后的生命，几乎每个人都会有不同的看法，有些看法甚至是错得离谱。我想要在这里分享六种我曾经听过的看法。第一种就是，死亡不是真实的，死亡并没有真的发生过，它只是我们以为的一件事。这是个不常见的想法，并没有很多人相信这样的看法。但这是基督教科学派（Christian Science；译注：此为异端，而非正统的基督教宗派）的基本哲学和观点——死亡不是真实的。死亡没有真正发生，它只是我们以为的。

第二种看法就是，如我之前所提，你的生命会藉由你的儿女、在人们的记忆中，还有你的工作延续下去。中国有一句谚语说，人生只有四件值得做的事：种树、写作、盖房、得子；其中的原因就是因为只有这四件事是在你离世之后，他人还能藉此来缅怀你的事物。但就你会如何活下去而言，这也是一种错误的看法。

第三种看法，也是我之前曾提到过的，死亡就是一切的终点，之后就什么都没有了——没有闭幕、没有灯光，甚至没有感觉——什么都没有，一切都是虚空。根据圣经的看法，这是彻头彻尾的错误。顺带一提的是，相信这种看法的人通常会说，天堂或地狱就是你现在的景况；所以事实上，人已经住在天堂或地狱中了。这也是完全错误的看法。还在这世上的人都还没进到天堂或地狱之中，你无法创造自己的天堂或地狱。

第四种看法是，死后会有轮回，人会以另一个身份回来。我曾经寄住在两位女士家中，他们非常相信我就

第一章 死后的生命

是他们所谓的"老灵魂"。有一段时间，我不太清楚他们指的到底是什么，后来我才了解他们的意思就是在说我有前生。就我来说，这个看法最大的问题就是，我一点都不记得我的前生是什么样子的；因此，这个看法我完全无法接受。但轮回的看法已经愈来愈普遍，特别是在东方，但西方的人也逐渐接受这种看法。在一些情况下，甚至连基督教的牧者也会冒出类似的看法，例如说，要对你四条腿的朋友好一点，因为某只鸭子可能是某人的妈妈之类的，但这样的看法在圣经中是绝对找不到的。顺带一提的是，轮回讲到一个极致时，他们相信如果你的行为不正，将来会转世成为动物，而不是人。

第五个看法是，你死了之后，肉体将不会继续存在，但灵魂会进到一个美好的所在，而你将永远处在这样的状态中。当然这也不正确。我们待会会再深谈，但你的肉体还没有"结束"。另外，还有一个被称为"普救主义（universalism）"的看法，就是他们相信所有的人去世后都会去到一个更美好的地方。曾有人绕了墓园一圈，读完每一块墓碑上所写的内容，然后他问墓园的工作人员说："请问在你们这里，罪人埋在什么地方呢？"因为他看到每一个人都是好人，每一个人都已经去到更美好的地方，每一个人都是快乐的……诸如之类的。这也不是圣经的看法，甚至有时当我在认识的人的墓碑上看到"安息（Rest in Peace）"这个词时，我都会怀疑，这会不会和事实差距太远了？

我们凭什么能说我们知道？有人会说，"你不知道，也没办法知道。你的猜想和我的猜想没什么不同，因为我们都一无所知。如果这是你所相信的，那也没关系。但我相信的是那样，所以你也别来管我。"科学无法告诉我们，因为科学只能处理这个世界上的事物。"感觉"也没有办法告诉我们，因为关于死后的生命，它是最危险的向导。"感觉"在说话时会用"我觉得……"作为开场，然后再加上它感觉享受去做的事：例如"我觉得他做这件事很好"或"我觉得她做那件事很好"。

不，我们真正的知识来源不是科学或感觉，而是圣经。如果我们相信圣经不只是人手所写的一本书，而是神所赐关于祂心意的书，那么全宇宙惟一知道在我死后会发生什么事的就只有神。让我先告诉你一些事，在稍后的章节中，我还会更详细地分享，但我希望这些事可以总结圣经对于死亡的看法。

首先，死亡是真实的。圣经非常严肃地看待死亡这件事。圣经并不害怕使用"死了"或"死亡"这样的字。如果你把圣经中提到这些字的地方标记起来，你一定会被吓到。死亡是真实的，我们需要去正视这件事。十字架是我们信仰的中心。因此，基督信仰的基础就是去正视死亡最残暴的样貌——一种最恐怖的死法发生在一位三十三岁的年轻人身上。我们信仰的中心就是直视死亡，并从中得胜。所以当我们谈到圣经对于死亡的态度，第一件事就是：死亡是真实的。

第一章 死后的生命

第二，根据圣经，死亡是仇敌。它是一个外星人，正在入侵这个世界。因此我们要奉神的名来与之争战。死亡不是由神而来，它是属于撒但的。它从来就不应该发生在人类身上，它和邪恶连结在一起，所以圣经的立场从来没有认为死亡是好的。圣经所说的是，死亡是真实的，而且这是一件不好的事。死亡是邪恶的，是我们的仇敌，是一个盗贼，是我们需要去与之争战的。

第三，圣经说死亡从来就不是一个人的终点。死亡可能会使身体和灵魂分隔，但它既不是灵魂的终点，也不是身体的终点。它不是一个终点。我们拿耶稣所说过的一句话来证明这件事。耶稣教导说，"凡在坟墓里的……就出来"——"凡"指的就是所有的人。出来的人也没有资格上的限制，死亡从来就不是一个人的终点。

第四，圣经说到，在死亡之后，我们可能会去的终点不是一个，而是两个，而且只有两个。圣经对于这一点的教导没有任何模糊地带。我们不都会去到同一个地方，而是这两个地方的其中一个。

第五，今生决定我们会去到这两个终点的哪一个，意思就是说，我们离世前所做的决定对我们在离世后会去到的地方有绝对的决定性。

第六，死亡后就会有审判，但不是立刻就有。我的意思是会有一个清算的日子或交账的日子。新约很清楚地说，"人人都有一死"，这是说"所有人"都会死亡"一次"，"死后且有审判"。

第七，接续上一点的概念，死的毒钩就是罪。这是什么意思呢？会让死亡变得如此恐怖的原因就是我们无法继续过着生前的生活方式。这是让这件事变得如此难以面对的真实原因，也是我们所要面对的真正问题，我们死后竟然得要活在一个死亡前就已经决定好的状态之中。而罪——就是我们所做的那些错事——使之变得如此困难。除了我们对于孤单的恐惧，以及所经历的痛苦、软弱和苦难之外，在这些恐惧背后，人心中的恐惧就是，我得要在离世后为我活着时所做的事负责。

最后一点就是，在圣经中，死亡是一个已经被征服的仇敌。为什么呢？因为罪已经被征服了；当基督受死时，就已经战胜了罪，死亡的毒钩也因此被除去。当基督复活时，就已经战胜死亡。因此耶稣对于死亡的说法就是"睡了（fallen asleep）"，例如某某人"睡了"。这个词很是有趣，因为"过世（passed away；亦可翻译为过去，或归于无有）"并不是一个基督教的用语。在圣经中，"过去（passed away）"指的是完全结束的意思。"这世界……要过去（passed away）；先知讲道……终必归于无有（pass away）"指的都是完全结束的意思。所以不要再说"过世"了，因为这指的是完全结束的意思。要说"睡了"，因为如果你说"睡了"，指的就是那个人进入一种可以被唤醒的状态之中，直到他们再次醒来。

所以，当有人来说睚鲁的女儿死了的时候，你记得耶稣就说："孩子不是死了，是睡着了。"祂的意思就是祂

第一章 死后的生命

会来把她唤醒，而祂也真的做到了。拉撒路死后，耶稣告诉祂的门徒们说："拉撒路睡了。"所以他们就想："他只是在发烧后照常睡着了而已。"但耶稣说："不，那不是我的意思——对你们而言，拉撒路死了；但对我而言，他只是睡了。我要去叫醒他。"美国众议院的院牧彼得·马歇尔（Peter Marshall）的妻子凯瑟琳·马歇尔（Catherine Marshall）在她所著关于她丈夫的书《一个名为彼得的人》（*A Man Called Peter*，暂译）中，她描写到他还年轻时，某天早上在重病中离世，她如何和他道别的故事。在她心中，她觉得自己再也见不到他了；事实上，她也真的没有再见到他了。而他对她所说的最后一句话就是："我们早上见（I'll see you in the morning）。"

当基督徒谈到那些在基督耶稣里睡了的人——因为祂已经战胜罪和死亡，我们就可以说，"他们只是睡了，但他们没有过世。他们睡了，但将被叫醒。"我会在下一章中更多谈到那些已经死去，正在等待和我们一同迎接复活清晨的人的状态。在死亡与复活之间到底发生了什么事？圣经又告诉了我们什么？

但现在让我们感到欢喜快乐，因为在全宇宙所有的人类当中，基督徒是惟一可以直视死亡而不感到恐惧的，因为他们知道虽然死亡是他们的仇敌，但这个仇敌已经被征服。不要忘记温斯顿·邱吉尔（Winston Churchill；译注：第二次世界大战时期的英国首相）提到故英王乔治六世（King George VI）这位真实的基督徒时所说的一段话。温斯顿·邱吉尔提到故英王时说道:"在英王人生的最后几个月中,他与死亡同行,仿佛死亡是他的伙伴、是他熟悉的老友,他从未感到恐惧。在他人生的最后几个月中,他所依靠的不是他天生积极向上的特质,而是他虔诚的基督信仰。"愿神也赐给我们众人同样的虔诚。

第二章
死亡与复活之间

阅读路加福音 16 章 19-31 节，这是一段关于死后生命的经文，也是耶稣最清楚地教导这个主题的地方。虽然整段经文以故事的形式，或称为比喻（parable）来呈现，但当中关于生命和死后生命的部分都是无误的。

一个人死后，究竟会发生什么事呢？身体的机能几乎会立刻停止——呼吸、心跳、血液循环等都会停止。而因着这些机能的停止，通常我们会说，"这个人已经死了"。但其他的机能还会再继续一段时间，例如毛发的生长会在死后持续一段时间，其他一些身体的机能也是。再过一段时间，这些机能也会停止下来。然后人体就会开始腐烂分解。虽然我们不太愿意去面对，但我们对于这个过程并不陌生。

在我过去讲道的内容中，我常说这是发生在肉体上的事，但却无法回答"一个人死后会发生什么事？"这个问题。这些只是在告诉你，肉体在死亡后会发生什么事而已。如果人的肉体是他的全部，那我已经分享完毕，他不再存在，你也永远不会再看到或遇见他了。如果人所有的仅是一具肉体，仅是一个有形的受造，如果思想和感觉都仅是腺体、酵素及荷尔蒙所造成的结果，那我已经回答了这个问题。但圣经上却强调说，人不只是一具肉体而已；事实上，对一个人来说，肉体只能算是次要的部分。圣经描写到身体时说，身体就好像我们真正的人所居住的帐幕。又说，身体就像是我们真正的人所穿上的一套衣服，所以保罗可以充满信心、毫不畏惧地去谈论不再住在这座帐幕或这套衣服中的日子，而不为此所扰。

我曾和一位基督徒一起走过一处墓园，他的父母都葬在那里。他说："你知道吗？我觉得他们的身体就像是他们穿过的大衣，但他们本人已经没在那里了。"事实上，如果墓园对你而言不过就是一个衣橱，那你对于死亡已经开始有正确的看法了。墓园就像是一个衣橱，是我们存放那件已经穿过七十年或（强壮一点的）八十年旧衣服的地方。所以圣经真正想要强调的是，不管身体再怎样亲密地与我们真正的人联结在一起，身体并非那个真正的人。身体只是当我们不再住在那里时，会将之收挂起来的一座帐幕或一套衣服。

一位传道人问候一位年长的基督徒说："你好吗？"他回答说："我很好，我很好，只是屋顶有一点漏水，墙壁有一些裂缝而已。"他所说的就是保罗在新约中所说的，"我的外体虽然毁坏，已经准备要被打包、丢弃，内心却一天新似一天，变得愈来愈美好、愈来愈刚强。"从基督徒的眼光来看，这就是变老的过程。外体毁坏、衰老、疲惫；但内心却因为已被更新，而愈来愈美好、愈来愈刚强。

第二章 死亡与复活之间

在这一点上，我们与动物大不相同。因此，人类的死亡和动物的死亡完全不同。但如果人类只是演化过程中的一个产物，这个观点就不正确了。人类是肉体和灵魂、自然和超自然的独特结合。和动物的死亡不同，人类的死亡并不是灭绝、不是遗忘，也不是其终点。那么，在一个人死亡的时候，究竟会发生什么事呢？这个答案是医师或科学家无法告诉你的。一个人死亡的时候，就是肉体和灵魂分离的时候。两个原本亲密结合在一起——紧密到你无法想象他们可以被分开，也未曾听说他们可以被分开——的事物分成了两个。

这就是死亡的含义。有趣的是，即使是在世俗的观念中，人们也了解这一点。曾经有人对我说："现在要让肉体跟灵魂继续合在一起是愈来愈难了。"她在说些什么呢？事实上，就是你所读到的意思。让这两个部分合在一起指的就是活着，死亡就是两者分离的时候，所以活着就是让肉体和灵魂合在一起。再举一个例子来说，人们会说"还不要放弃灵魂（not giving up the ghost yet）"，他们是什么意思呢？就是你在字面上所读到的意思。现在还不到接受死亡，让你的灵魂离开肉体的时候。这当中所发出滴滴滴、答答答、滴滴滴——SOS（Save Our Souls，拯救我们的灵魂；译注：摩斯密码中的求救讯号）的讯号，就是要我们的灵魂和肉体能够继续合在一起；拯救我们的灵魂，虽然肉体已经走向灭亡。

死后的生命

圣经清楚而明了地提出这样的观念,举个例子来说,传道书谈到死亡时,定义其为"尘土仍归于地,灵仍归于赐灵的神。"死亡将这两者分隔开来。我们都知道肉体在死亡之后会发生什么事,因为肉体由地上的尘土而来,而我们肉体上的每一个粒子都可以在地壳的某处找到,所以在死后归回其出处:"你本是尘土,仍要归于尘土。"如果你不断搓揉双手,最后会有一层灰尘堆积起来,这些都是你表皮上死去的细胞。你可以看着这些灰尘说,"这是我肉体的一小部分,现在归回其出处。"而肉体在死后也会发生同样的情况。我们都知道这个部分,但我更关心的是,"那灵魂会发生什么事呢?"

为避免大家认为这一章的教导完全来自旧约,我们先来看看在新约中雅各的教导,他说,"身体没有灵魂是死的"。换句话说,这正是死亡的本质。没有灵魂的身体。两下分开隔绝。但我认为真正有趣的是,在耶稣死后,祂所传达给我们的也是同样的观点。祂的肉体经历了三十三年地上的生活和数个小时的折磨之后,已经快要抵达终点。祂在生命的最后一刻向神说了些什么呢?他没有说,"我将我自己交在你手里",或"我将我的身体交在你手里",因为会有其他人来照管祂的肉体。祂说的是,"我将我的灵魂交在你手里",说完这句话,祂就断了气。祂将自己属灵的部分交给了神,亚利马太人约瑟则为祂照管祂的肉体;这两者分开了。

第二章 死亡与复活之间

这样的看法完全符合古希腊和现代的哲学思想,也是主耶稣在世时的主流思想。相信死后会有生命的人都可以接受这样一个架构,就是肉体并不包括在死后的生命当中,肉体会被留下。如果有所谓死后的生命,一定是因为人属灵的部分活了下来。这就一般的想法来说是没有问题的,直到新约发出一个震惊所有人的宣告说:但这还不是人最终的样式。这个分隔只是暂时的分隔;事实上,肉体和灵魂有一天还要再次结合在一起。

这就是"复活"这个字的意思,而且只有基督徒才会使用这个字。如果古希腊人到今天还活着的话,他们会宣告其信条说:"我相信灵魂不死,属灵的部分将存到永远";但基督徒会起来宣告他们所相信的说:"我信身体复活。"换句话说,在肉体和灵魂分隔后的某一个未来的时间点上,这两者还要再次结合在一起。这就是我们所谓的复活,是基督徒所相信的。但为什么我们会如此相信呢?

首先,因为耶稣在一些人身上做成了这样的事。祂使肉体和灵魂再次结合在一起。在一些情况下,祂在人死了数个小时之后做成了这样的事,甚至有一个案例是发生在四天之后的。祂证明自己有能力使肉体和灵魂再次恢复关系,哪怕身体已经腐烂分解。你还记得马大诚实地问耶稣说:"把坟墓打开?"以中东的天气来说,她说得完全没错,"现在不适合打开坟墓。"虽然她说得很直接,但耶稣说:"将坟墓打开。复活在我,生命也在我。我有能力使肉体和灵魂再次结合在一起。哪怕肉体已经开始腐化。"

死后的生命

因着发生在第一个复活节的见证,我们深信肉体和灵魂是可以再次合在一起的;在耶稣说完"我将我的灵魂交在你手里"的三天三夜后,祂自己的肉体和灵魂又再次合在一起。在祂的肉体被放到尘土中三天三夜后,肉体和灵魂又再次合在一起。这是基督信仰的中心,但甚至连基督徒都可能会觉得难以置信,世人就更不用说了。耶稣从死里复活后,祂说,"看啊,我不是个魂——已经不再是了。"祂以魂的形态存在三天三夜的时间,但在祂复活之后,祂强调说:"我不是个魂,魂无骨无肉,你们看,我是有的。来摸我的手看看!"祂邀请他们如此做,好证明祂不再是个魂。因此在基督徒和其他人最大的分别就是,基督徒相信死后的生命——而其他人就算相信有死后的生命,他们所相信的是我们会以灵的方式永远活着。

基督徒相信会有一天,我们不再只是个魂,而能再次成为有形体的人,有骨有肉来表达自我。这使得天堂变得极为真实,是一个真实存在的地方。这就是为何耶稣称之为一个"地方",而不是灵魂的一种状态;也是为何大主教威廉·汤朴(Archbishop William Temple)会说,"基督教是世界上所有宗教当中最相信唯物论(materialistic)的",因为基督教相信身体的复活,我们众人所等候的是身体得赎。换句话说,当神拯救一个人时,祂不只拯救了他们的灵。总有一天,祂也会拯救他们的身体,使全人可以再一次进入神创造时所预定的完全。

第二章 死亡与复活之间

在绕了一段路后,我们现在准备要进入主题,但我相信你已经掌握到这个主题了,就是:在耶稣和我们的情况里面,死亡与复活之间存在着一个间隔(interval)。从肉体和灵魂的分隔到再次合在一起的过程中,存在着一个间隔。无论时间长短,当我们存在于这个间隔时,会像当时的耶稣一样,是没有形体的魂。而其中的大哉问就是:"那会是怎样的一个光景呢?我们处在那个间隔时会发生什么事呢?我们到时候会有意识或知觉吗?我们会在哪里呢?我们会做些什么呢?"我希望可以把这些问题在本章中做一个总整理。

主耶稣待在那个间隔里三天三夜的时间——整个过程并不是太久,但无论如何,还是有一点间隔。基督徒基本上都了解耶稣当时并不是"在天堂"。在使徒信经中,有一句话可说是圣经对于这方面教导的总结,就是"降在阴间"。顺带一提的是,"地狱"通常是阴间的另一种说法,但在这里所指的并不是地狱,这是一个很容易造成误解的地方。

"在本丢彼拉多手下受难,被钉于十字架,受死,埋葬;降在阴间"。"阴间"这个字所指的并不是地狱,因此不要把两者混为一谈。这里所说的不一定是指一个不好的字、不好的地方或是不好的状态。这个字所表达的就是一个亡灵之域(the realm of departed spirits),是亡灵所在之处。这是新约圣经提到希腊文的"阴间(Hades)"这个字所代表的意思;也等同于旧约圣经希伯来文的"שׁאוֹל（Sheol；阴间）"这个字。如果用我最喜欢的修订标准译本圣经（Revised Standard Version）来看，你可以发现，圣经提到在死亡与复活之间的这个间隔时，在旧约中会固定使用"שׁאוֹל（Sheol；阴间）"，而在新约中则是使用"Hades（阴间）"这个字。

所以，使徒信经说："在本丢彼拉多手下受难，被钉于十字架，受死，埋葬；降在阴间；第三天从死人中复活（肉体和灵魂再次结合）；升天"。"天（天堂；heaven）"是为着身体复活的人专门保留的。如果基督徒可以把"天堂"看作是在我们复活、得着肉体之后，神所为我们预备的居所的话，我认为这可以大大帮助我们厘清这两者之间的关系。但让我们先回头来看"阴间"。圣经中是否提到阴间像是什么样子，以及耶稣去到那里做什么呢？祂死了，有三天三夜的时间成为没有形体的魂。

第一条线索是在一个即将被处死的犯人对耶稣所说的话中，他说，"主啊，将来你要进到你的国时，求你记念我。"他很明显地是在说"天堂"。他在想象遥远未来的那一天，他相信耶稣就是基督，要在人类历史结束时，将人带入天国。他说，"主啊，将来这件事成就时，你可否拉我一把呢？你可否将我带进天国之中呢？你会忘记我吗？"主说，在那天，祂所做的会比他所求的更多。

你可以看到这个回答有多么美好。"主啊，当你在遥远的将来得国之时，不管是在何时，我也可以去到那里吗？"耶稣说，"我现在就可以先给你一些什么来使你

第二章 死亡与复活之间

安舒。"这个的意思就是，你不需要把自己限制在遥远的未来，那些只有向自己死的基督徒才能得到的安舒。耶稣向那个即将被处死的犯人说的是："今日你要同我在乐园里了！"耶稣没有用"天堂"这个字，因为主对于祂所用的字都非常小心，以避免我们产生误解。主所使用的每一个字都有其重要的意义，所以祂特意使用了"乐园（paradise）"这个字。

这是一个非常有趣的字，是一个波斯文字。它基本上就是在指花园，特别是王的花园。想一想白金汉宫外面的花园，花园的外围有一堵高墙，你可能去过，也可能没有。我自己是从来没有去过，可能你也没有。但你可能曾经由公交车的上层看到，那是大部分人最接近那个花园的时候，它就在那里。那里就是女王陛下的乐园。这就是这个字的意思，属于她的私人花园。如果你可以与她一同走在花园中，那是因为她的邀请、她的恩典和恩宠。在圣经中所说的"乐园"这个字，刚好也和"伊甸园（garden of Eden）"用的是同一个字，这个字再次出现在圣经的结尾，和一座花园城市有关，指的就是王的花园。

现在你可能会注意到花园并不是皇宫。花园并不是天父的家。花园不是一个有着许多房间的地方。主提到天父的家以及当中的许多房间，所以祂所指的并不是死后的那个间隔，而是在遥远的未来，祂会再来带我们和祂一起去到天父的家。但祂当时告诉那个犯人的是，就算祂现在无法立刻将他带到天父的家，祂还是可以将他带到王的花园，并在花园中与他同行。他们可以在那里相会。

就某个层面来说，这条线索告诉我们，那个间隔会比我们现在所在的位置距离天国近很多。或者说，我们可以这样来描述那三个阶段：第一个阶段就好像是坐在穿梭于伦敦的公交车上，从远处瞥见白金汉宫。那就是我们现在所享受的生活。第二个阶段就是进到花园当中，又更加靠近白金汉宫一点，并与王同行于其间。第三个阶段就是进到皇宫当中，进到那个为着基督徒预备好的房间当中。当你了解这样的观念，就会明白乐园远比我们现在所拥有的更加美好，特别是我们可以亲密地与那位君王一起同行。

在古代，还有今日的少数地区，皇宫所包含的不只有君王和他的朋友可以同行的私人花园，同时也会有监牢或牢房的部分，但这个部分通常不会直接放在皇宫里面。这是监狱的所在，而新约也暗示我们，这个间隔不单只是一个花园，也是一个监狱。在圣经中，彼得这位教会领袖曾做了一个最特别的宣告（也是使徒信经的基础），大意就是，耶稣死时，祂虽然在肉体上死了，但祂的灵还是活的，而且去向在监狱里的灵魂传福音。圣经也提到祂去向哪些人传了福音，因为这是非常重要的一部分。

祂去向那些在挪亚大水中淹死的灵魂传福音。对于那些不相信真的有挪亚大水的人，这里就出现了一个极

第二章 死亡与复活之间

大的问题,因为那些人就是耶稣在祂死亡和复活的那段时间中,去传福音给他们的人。你会注意到,圣经说他们在监狱里,而不是在花园里,所以另外还有这样一个地方。我稍后会回来看这个有些古怪的宣告,但你是否已经感受到,虽然圣经说我们不是在死后就立刻进入天堂或地狱,而是在复活之后的未来,但在那个间隔中,现在就已经有两种截然不同的状态了(属灵的状态而非肉体的),其中一个像是在花园,另一个则像是在监狱;但这两者都属于那位君王。

而新约似乎就是架构在这样一个图像的基础上。而既然这是一个图像,我们就必须接受它仅是一个图像,而不需要去太过挑剔它的细节或是实际状况,只要是你想象中监狱或花园的样子,方向上对了就好。让我们先来看看监狱,因为我想要先来处理这个部分,再来讲花园的部分,好有一个快乐的结尾。圣经上几乎没有说到关于监狱的部分,但它是一个被隔离开来的地方,因为这就是监狱的意思,而不是监狱里的饮食会像是什么样,或在那里会发生什么事之类的。它的意思就是在那里的人会被封闭起来或被区隔开来,因为这就是监狱的意思。

犹大会在那里。圣经上说,犹大吊死自己后,他去到他自己的"地方",这个"地方"很清楚就是指着那个监狱在说的。有些天使也会在那里,事实上,新约圣经有两次写到,神已经将一些天使关了起来,直到人和天使的审判来到。那里还会有许多其他的人在那里,比如第二个犯人。第一个犯人会去到花园，但我认为第二个犯人会去到那里。所以，虽然那是一个被隔离开来的地方，但这并不表示不会有很多人在那里。

它也确实会是一个会与神及祂的百姓区隔开来的地方。不管我们是否了解，那将会是一种最痛苦的分隔。世上有些人觉得自己不需要神也可以过得很好，所以他们尽可能地远离神的百姓。他们不喜欢基督徒，也不喜欢基督徒在敬拜的那位耶稣。老实说，在他们死后，立刻就会梦想成真，但他们也会开始明白他们有多想要接触到上述这两者。他们会在那里受折磨——如果我没将这件事说出来，那就真的是我的错了。我并不知道在那里所受的折磨会像是什么样子的，但一定会有心理上的折磨，因为在我们稍早所读的故事中，主清楚地指出，记忆在那里仍然会很清醒，而后悔将会是最难承受的一件事。你将会感到后悔，因为你会知道自己的生命已经结束，死亡已经将你所做的决定封印，因此你未来的道路已经确定，再也无法改变了。

关于那个监狱，有三件事是确定的。第一，在监狱中的人无法自行由监狱中离开复活。主耶稣很清楚地说到这点。第二，他们也无法从那里去到花园当中。他们被监禁，等待着出庭，是无法被保释的。第三，他们必须从那里去到另一个地方。监狱不是一个永久的状态，而是一个等待的间隔。

第二章 死亡与复活之间

现在我要来谈谈关于乐园的事，我们可以在这里发现一些美好的事物。乐园不是皇宫，它更像是皇宫周围的公园。我们也可以这样来看——我们距离天家更近了一步。花园中有些事物是很美好的。容我直接了当地这样说，当我们在那个间隔时，我们不需要去担心究竟是在哪里。对于没有形体的灵来说，空间的位置是没有意义的。因此去问他们身处哪里，就好像在问一个没有答案的问题。当我们进到第三阶段时，我们才有可能开始来讨论"地方"（我若去为你们预备了地方），但我们不该认为花园或监狱必然是一个存在于空间中的地方。没有形体的灵不需要一个实质的地方。我们谈论的是他们的状态。

其次，我不确定问"那个地方像是什么样子的？"会比问"那个地方在哪里？"来得有意义。但我发现这个问题的确困扰着许多人，也就是他们会是醒着，还是处于一个像是在《李伯大梦》（*Rip Van Winkle*；繁体中文版由格林文化出版）中的李伯一样（译注：故事的主角李伯在睡了一觉之后，隔天回到自己的村庄，发现竟已过了十八年）的状态，一睡就过了数百年之久。有趣的是，李伯的名字竟会出现在那么多的墓碑上（译注：李伯的英文名为 Rip，与英文中"安息"（R.I.P.；rest in place）的缩写相同）。是否我们会处于一个睡眠的状态之中，没有意识地过了数百年后才醒来；也就是在过世时，当我们闭上眼之后，再睁开眼时就已经复活了；还是我们在整个过程中都会拥有清楚的意识？

毫无疑问地，新约中有许多经文称"死了的人"为"在主里睡了的人"。这个词被使用了许多次，但我想要澄清一点。灵魂是不会睡着的。睡眠是一种生理上的功能，只有肉体才需要睡觉，因此我很确定"睡了"这个词指的是肉体的外观。当一个人死亡时，他们从外观上看来就像是睡着了一样，但这是他们的外表。因此用这个字来形容他们的状态是非常合适的，因为这也代表了他们的身体是可以被唤醒的。但我认为，如果我们开始把"睡了"这个字应用在灵上（如同我们将之用在肉体上），并相信所谓"灵魂沉睡（soul sleep）"的观点的话，那是会有问题的。基督复临安息日会（Seventh-day Adventists）和其他一些异端都相信这个观点，但我无法认同。

相反地，保罗说，"我们无论醒着、睡着，都与他同活。"我认为如果我们是处在一个无意识的状态下的话，保罗就不会这样说了。所以关于那个间隔的真正重点不是"在哪里"或"是什么"，而是"与谁在一起"。基督徒可以很有盼望的原因是因为我们会与基督在一起。如果到时候是没有意识的，那对我来说，可以说是完全没有吸引力。我甚至会说，那会比待在这里还糟糕，因为我在这里至少是有意识，可以与基督说话的。没有人会说，"我渴慕与主同在"，但他们所期待的却是数百年没有意识的团契。

很明显地，新约所强调的是有意识的团契，而且灵在离了身体之后还是可以有意识的。保罗曾说他认得"一个在基督里的人"，他"被提到第三层天上去"。他曾去

第二章 死亡与复活之间

到天上，也就是在他还活着的时候，曾经造访过天堂。保罗说，"或在身内……或在身外，我也不知道"。他想要表达的观点就是，他在身外时，还是有意识的。你到时候是有意识的，因此我相信我们可以期待有意识地与基督团契。那么，只能跟基督团契而已吗？不是的，还要更多——我们可以和基督的所有百姓团契，不管是在保罗之前或之后的。我们也会与神的百姓在一起。

我们还会与亚伯拉罕在一起。你是否曾经想过亚伯拉罕也是基督徒呢？他是的。耶稣说，"亚伯拉罕欢欢喜喜地仰望我的日子，既看见了，就快乐。"一个欢欢喜喜地仰望耶稣日子的人绝对是一个基督徒。乞丐拉撒路死后发现自己在花园里，并坐在亚伯拉罕的怀里。我们会看见亚伯拉罕、以撒和雅各，以及旧约时代所有的信心伟人和新约时代所有相信耶稣的人。我们会和基督徒——神的百姓——在一起。这是一场在王花园中的派对。

第三件事就是我们会与天使在一起，无论你是去到监狱或是花园。就算你不相信天使的存在，你在死后的五分钟以内就会相信天使的存在，你将遇见他们。而对我而言，最美好的一件事就是，就算你在过世时是孤单、不受欢迎、没人关心、没有帮助的，神已经在彼岸为你预备了天使来照顾你。这些神的仆人——宫殿中的差役——正在花园中等候你。拉撒路死了之后甚至连一场葬礼都没有。他是个乞丐，没人关心他，但天使将他带到亚伯拉罕的怀里。

死后的生命

我们将与主耶稣、基督徒以及天使在一起。难怪保罗知道，即使他在那个间隔中将会赤身露体、没有形体、无骨无肉，但他却更愿意离开身体与主同住。这也就是为何他在面对死亡之际，虽然也想要留下来帮忙，但心中却情愿离世与基督同在。一位伟大的圣徒曾被问到说："身为基督徒，你最期待的是什么呢？"在思索了一会儿之后，他回答说："死后的前五分钟。"他对圣经真的是很了解。他知道真理，才会诚实地那么说。

我要先简短地回复多年来被问到的六个关于在死亡与复活之间的间隔的问题。

第一个问题：什么决定了我们在间隔中会去到监狱还是乐园？我会在第四章中更多谈到审判这件事，但决定你最终会去到哪里去的答案也决定了你会去到哪个中继站。简单来说，从未听过基督是谁的人，他们会照着是否遵循良知、被造的目的和其他的方式来接受审判。听过基督是谁的人则是照着他们如何回应祂来接受审判。这些都是发生在今生，而不是发生在间隔当中的。事实上，我们今生所做的事不只会决定我们在第三阶段会到哪里去，也决定了我们在第二阶段的所在。第四章会针对这个问题做一个完整的回答。

第二个问题：还有第二次的机会吗？很多人都问到这个问题。今天有愈来愈多的人相信会有第二次机会。但容我这么说，我只在圣经的彼得书信里看到所谓"第二次机会"的一些蛛丝马迹，而且那是针对那些在挪亚

第二章 死亡与复活之间

的日子中被提早审判而淹死的人。对其余的人来说，圣经经文中的大量证据都显示没有"第二次机会"。因为到时候会有深渊限定在其间，而死亡似乎是选择截止的时刻。这不是我们会想要去赌赌看或值得冒险一试的事。

第三个问题：炼狱（purgatory）呢？天主教为死亡与复活之间的这个间隔添加了一些细节和元素。举例来说，在他们教导中有一个称为"婴儿界（Limbus Infantum 或简称 Limbo；地狱边缘的意思）"的地方，是那些还未受洗的婴儿死后会去的地方；以及其他类似的地方。他们也确实相信这当中会有一个称为"炼狱"的地方。在其教导中，这个地方有两个目的——首先，除非我们在今生已经得到饶恕，我们将先在"炼狱"为自己的罪付上代价，因此这是个接受惩罚的地方。其次，这也是一个炼净的地方，就是那些还没有圣洁到可以进入天堂的人可以逐渐成圣的地方。

换句话说，死去的基督徒可以分为两种：完美、已经准备好要去天堂，而且已经被封圣（canonised）的圣人；以及还没准备好（也就是我们大多数人），因而必须去到这个进阶版学校的人，也就是那些已经相信耶稣，但还没圣洁到有资格住在天堂的人。"炼狱"的教义，相关的仪式和习俗对相信的人产生极大的影响。一些仪式和习俗，例如亡者弥撒、大赦（indulgence）、告解（penance）等，都和这个"炼狱"的教义有关。但我只能说，在整本圣经中，我无法找到任何关于"炼狱"这样看法的蛛丝马迹。

在我看来，事实上不可能会有这样一个地方的原因有三。首先，耶稣已经为我所有的罪受刑罚。那么为什么我还需要接受惩罚？在我来看，这个理由就已经足够了。其次，当我的肉体死亡时，我就可以从这具罪与死的身躯中得自由了。罪已经与我无关；撒但已经与我无关；试探也已经与我无关。你是无法试探一具尸体的。不管是肉体的情欲、眼目的情欲或今生的骄傲，撒但总要藉由这具罪与死的身躯才能影响我，而这些都与活在这具身体中有关。第三，如果肉体的死亡使我从所有的罪中得着释放，当基督再来之时，我知道我必要像祂，因为必得见祂的真体。我必要像祂，因此也就没有这所"炼净"学校的必要性了。因此，若由圣经的观点来看，我是完全无法接受"炼狱"这样的看法的。

第四个问题：可以为亡者祈祷吗？这是今日一个极为真实的问题，因为在几十年前，英格兰国教会（Church of England）在其服事项目中增加了"为亡者祈祷"这一项，因而愈来愈常在各处见到。在由罗马天主教、圣公会和自由教会议会（Free Church Council；发源于苏格兰地区的基督教宗派）所共同推出的服事程序单中，包括了为第二次世界大战伤亡者的祷告。那我们对此有何看法呢？很明显的是，如果你已经经年累月地在为某个人祷告，你是不会突然停止的。你会继续思念这些已经过世的人，并继续谈论到他们。但既然你会将生活中的大小事都和主耶稣分享，你也可以继续和祂分享已经在主里过世的人。

第二章 死亡与复活之间

圣经中没有提到我们不能在祷告时提及那些已经过世的人，但为他们来祷告就是截然不同的一件事了。因为如果有人说，"我想要为亡者来祷告"，那我的疑惑就是，"你想要为他们祷告什么呢？你认为自己是在为他们的所需祷告吗？"当这个问题被解答时，我们会明白，为亡者祈祷是没有用处的。如果一个人在过世前还未信主得救，那么将会有深渊限定在他面前；如果他们已经得救，要求耶稣去看顾他们不就是对主的不信？因为祂已经应许会如此去做，所以我们可以带着信心说，我们期盼所爱的人得着的那些良善、公义的应许，耶稣都已经赏赐给他们了。因此我们没有必要再去求祂要那样做。

主耶稣应许，从我们过世的那一刻起，祂会全然看顾我们。因此相信圣经应许的人是不会去为亡者祈祷的。反而是那些还不确定有死后生命的人会去为亡者祈祷。在圣经当中，没有任何的范例或劝勉是要我们去为亡者祈祷的。圣经不断告诉我们要为活着的人祷告，却从来没有一次要我们为亡者祈祷，这是令我感到极为诧异的地方。只有在次经（Apocrypha；译注：早期教会所教导但没有被归入正典的书卷，被认为是由人的感动，而非神所默示的创作）《马加比二书》（*Maccabees II*）当中的一处提到为亡者祈祷。但如你所知，次经并非圣经正典，它们仅出现于天主教的圣经当中。

第五个问题：亡者会看顾我们，并为我们祷告吗？虽然希伯来书第十二章中谈到了"有这许多的见证人，如同云彩围着我们",但有些模棱两可的是,他们所看的到底是我们,还是耶稣。对于到底我们是要从他们当中汲取灵感,抑或他们是在为我们代祷,圣经并没有说得很清楚。我不是要固持己见,但我觉得是我们要从他们当中汲取灵感,而非他们在为我们代祷。因为一旦你相信亡者在为我们祷告,那么距离向亡者祷告(而非为他们祷告)也就只有一步之遥了。而我们相信的是"圣徒相通(the communion of saints)",就是基督的两只手,一只是握住我们这些还在地上的人,另一只手则是握住那些信祂、敬畏祂,但已经过世的人。我们的团契(communion)是藉着祂而成就,而非直接彼此互通的。因此在领圣餐(communion service)时,我们可以享受圣徒相通,并与这些已经得着安息的圣徒有着甜美的团契。

最后一个问题:我们可以与亡者交通吗?在下一章中,我将更多讲到"灵交(spiritualism;或译招魂术)"的问题,但简而言之,圣经绝对禁止神的百姓尝试去和亡者交通。当中的原委,我会在下一章中告诉你。

第三章
复活

阅读哥林多前书 15 章 35-58 节

这段经文不只说明了神之道,同时也在向那些活出神之道的人说话。我想要以我与恩尼斯·麦特斯(Ennis Matthews)先生在几十年前的一段对话作为本章的开始。我 1938 年开始在这家教会牧会时,他就已经是教会的会友了。

大卫:"麦特,你是一名物理治疗师。可否请你简短地告诉我们,这是一个什么性质的工作?"

麦特:"我想大部分人都听过我对物理治疗师的定义,它就像是一个介于职业摔跤手和兽医之间的工作。物理治疗说明我们是借由物理方式来进行治疗,这也就意味着你经常需要处理和身体力学有关的问题。而身体的构造、组成和问题通常会和肌肉、关节、神经或韧带有关。有时我们也会需要处理一些其他方面的问题,像是肺脏,甚至是消化系统的问题;但大部分时候,我们处理的是有关身体力学方面的问题。和外科医师不同的是,外科医师可能是将一些零件放进病人的身体里面,但我们做的则是去维修剩下的零件,使它们得以发挥最大的效能。"

大卫:"即便如此,麦特,你是否曾经有过和诗人一般的结论说'我受造奇妙可畏'?你是否曾经有过'身体是世上最奇妙的一部机器'这样的结论呢?你可以分享一下你所发现关于身体的奇妙之处吗?"

麦特:"身体本身就是一部令人赞叹的机器。举例来说,我们使用——或者应该说是滥用——它的方式,是你绝对不可能用来对待家中任何一部机器的方式。如果你敢以对待自己身体的方式来对待汽车或电冰箱这些附有保修的产品,制造商可能不会愿意继续保修这些产品。我们让身体承载过多的劳累和压力,然后又暴饮暴食,仿佛是在尽力破坏身体一样。"

"从其何等荣美辉煌的角度来看,它们在功能精准度的表现绝对是没话说的——例如你行走在街上,光是你的脚要能够向前跨出一步,就需要有许多背后配合的工作。我记得有一次在医院上课时,有人说到,光是要让小指头做出一个动作,全身的肌肉就都得要配合调整。我们的身体就是这样被创造的,你的受造绝对是奇妙可畏的。至于是否要分享更多关于身体力学的部分,就看你了。"

第三章 复活

大卫："当然，我们可以再多花几个小时来讨论。有人说这具身体虽然美好，但它却是机率的产物，它仅是原子碰巧变异所产生的结果。你相信吗？"

麦特："不，我不认同这样的学说是正确的。我认为生物可能会使用不同的方式来适应环境，但要将这样的过程提升为一个学说，就像是一张满是破洞的渔网。很多的事物是没有办法用这样的方式去解释的，其中一个就是认为动物很'聪明'这件事。我记得我们曾养过一条狗，它会接住从餐桌上丢给它的食物。但自从有人丢腌洋葱给它之后，那条狗就再也不吃从那个人手中丢给它的任何食物了，它会让食物掉在地上，然后闻一闻而已。人就比较没那么聪明了；我们总是会一而再地犯同样的错。"

大卫："现在让我们来看看身体的另外一个特质。我们的身体会不断地磨损；它们只能撑七十、八十、甚至是九十或一百年。但令人伤心的是，这个身体无法持续到永远，虽然它比汽车或电冰箱来得更好，但以我们对待身体的方式来看，它无法持续到永远。对许多人而言，让他们感到不解的就是，身体为什么不会持续自我更新，然后一直活下去？你对于身体的老化有什么想法吗？"

麦特："是的，我知道这是一个奥秘。当中的机制对于科学家和生理学家来说还是一个谜。例如身体被创造的方式让它几乎是从出生就开始在死亡。细胞会死亡，但身体有更新机制，就像一个专门在替换身体各部位零件的服务站。每次我们在摸东西的时候，就会有一些皮肤被搓下来；每次警察取你的指纹时，就会有少许的皮肤被留在那张纸上。而每次这样的事发生时，就会有新的皮肤长出来取代旧的。全身上下都如此运作。但不知为何，这个机制会逐渐失去功能。我个人认为这是因为原本完美的平衡被破坏了。"

"如果身体的平衡可以被保持，我认为这具身体可以持续到永远，但可能是因为我们的软弱或滥用，因而破坏了这个平衡。遗传也可能会造成这样的干扰，又或是我们居住的环境所产生的。有些环境有太多阳光，有些则是太冷；这些都有可能影响到平衡。但在创世记的前半部写到，人的身体可以活到 1000 岁，这也很有趣，不是吗？换句话说，他们那时是否很接近完全的平衡呢？根据创世记第 11 章中的记载，身体的岁数在六、七个世代之间就从六、七百年掉到了大约 120 年。"

大卫："顺带一提的是，这是关于一个家族的记载，而非所有人类。但这也确认了最近一位科学家所说的，没有特别的科学根据指出人为何会死亡。他们仍然弄不清楚这一点。"

大卫："麦特，现在我们要进到今天早上的主题——我们将会拥有新的身体。你觉得这个想法令人兴奋吗？你时

第三章 复活

常会想到这个新的身体吗？你认为自己在天堂还会是个物理治疗师吗？"

麦特："我觉得这会令人有点伤心。到时候，我就得要去找新工作了。可能你也一样。"

大卫："那很好啊。麦特，更进一步来看，我们每个人都有一些缺陷。你的视力有一些问题，有人可能是听力，我们或多或少都有一些缺陷。你会期待拥有一个没有任何缺陷的身体吗？"

麦特："关于你今天早上所读的那一段保罗所写的经文，我相信大多数人都非常期待。那是一种完全，没有痛苦，也没有忧虑的情况。除此之外，身体还能赋予我们能力。不完全、身体上的缺陷和我们现在所知的行动限制都不再存在。经上说，我们的身体会和基督的身体一样。祂能够穿越物质，也能够毫无困难的上到天堂，因此这具身体将拥有最佳的行动力。而对像我们这样，生命中曾经失去一些什么的人来说，这些事物的价值是一个从未失去过的人永远无法理解的。我们太多时候都把这些当成是理所当然了。"

"我想起星期四去到伦敦的皇家国家盲人学院（Royal National Institute for the Blind）时，我见到一个人，我们第一次见面是在大学时期。当时，他告诉我说他天生眼盲，但他向我说的却是我这一生当中所听过最美好的其中一件事了。他说，'你知道我第一个看到的人将会是耶稣基督吗？'这或许能够帮助我们对于将要发生的美好事能有更多的了解吧。"

大卫："是的，就算我们今天没有再学到其他任何的事，光是这一点也就很值得了。"

"麦特，我想要先跳到另一个话题。你现在不只是一位物理治疗师，同时也在'撒玛利亚人（Samaritans）'（译注：英国的福音机构，事工内容类似台湾的生命线或张老师）担任电话协谈员。我不是想要替你打广告，因为这是一份匿名性质的工作，但无论如何，经常会有人打电话给你们，因为他们觉得自己问题的惟一出路就是自杀。你觉得是什么原因让一个人会选择这么极端的决定呢？"

麦特："这是个非常好的问题。我昨晚才刚和一个人谈到这个问题。他们会说，'如果死后的世界比现在还要好上许多，为什么在面对辛苦的生活时，人人都会想要继续活下去呢？为什么要努力活下去，而不是预备放手呢？'我会告诉他们，'事实上，我花时间想要帮助人们继续活下去，而不是将之抛弃。'"

"但奇怪的是，那些将其信心放在今生生活的人却经常与想要自杀的人是同一群。'事情发展不如我所想的那样，也不是我想要的，因此我要摆脱它'。奇怪的是，

第三章 复活

对于将一生都寄托在期盼今生能够得着什么的人来说，当他们发现这并非他们所要或所认为的情况时，他们似乎很容易就会产生忧郁，并认为生活不再值得拥有，因而想要摆脱现在的生活，却发现他们无法逃脱。"

大卫："事实上，对于一件事未来会如何演变的信念可能是帮助一个人正确看待今生的最佳方式。"

麦特："我认为这是正确的。我们经常会发现，对于来世抱有坚定信念的人，似乎也能在今生找到他们生活的动机和目标。"

大卫："这真的是一个最好的总结。真的非常谢谢你，麦特。"

....

我想要进一步由圣经的角度来看这个主题。在上一章中，我们谈到人死之后会发生什么事，并提到死亡基本上就是肉体和灵的分隔。但问题是，在死亡时，这两者会发生什么事呢？有人说是"灭绝"，就是肉体和灵都不再存在了。事实上，他们进一步说，根本就没有灵的存在。但这就好像把人解剖到最小的单位，然后说，"我无法找到其中有灵魂存在。"这样的人愚蠢的程度大概就和想要在拆成一片片的管风琴中找到音乐一样了。

但无论如何,这就是一些人所认为的答案——灭绝:肉体和灵都结束了。还有一个所谓"不朽(immortality)"的答案,说的是虽然肉体结束了,但灵会继续存在,并从肉体中被释放。研究发现,关于苏格拉底的死亡令人感到惊讶;他被判处死刑,但被给予机会以自由人的身份选择自杀。在他喝下毒药之后,他把自己的门徒聚集到身边来,平静地和他们讲述灵魂从身体中得自由的喜悦,最后安详地死去。我曾听人说,苏格拉底在过世时的心境远比耶稣还要平静。如果苏格拉底所言不虚,那么这个命题就是正确的;耶稣也不应该像祂在客西马尼园那样,对于即将要面对的景况感到退缩。但是,苏格拉底所说的并不正确,脱离身体后的灵魂并没有更加自由。

第三种答案我们称之为"轮回(reincarnation)",它的意思就是灵魂投胎到另外一个身体,或这世上的某个身体之中。这是佛教徒的观念,但有越来越多的人接受这种看法——甚至英国某些教会的传道人也会冒出类似的看法。但基督徒的答案是"复活",就是有朝一日,身体和灵魂会再次合在一起,那才是完美的自由,也是我们所期待的。每次当我们宣告信仰说"我信身体复活"时,就是在宣告身体和灵魂有朝一日会再次结合。

我们在上一章中谈到了在死亡和复活之间的间隔。现在我们来谈谈复活,因为复活的想法对于许多人来说是很荒谬的。当主耶稣还在世上之时,一群被称为撒

第三章 复活

都该人（Sadducees）的人就无法接受这样的看法。我之前曾开玩笑地说过，这就是为什么他们被称为"看起来很悲伤（sad you see；译注：在英文中 sad you see 和 Sadducees 发音相同）"的原因了。他们不相信身体可以复活，并与灵魂再次合在一起。因此他们想要透过这类的问题来绊倒耶稣，说"如果一个女人在这个世上有过七个丈夫，在他们一个接着一个过世之后，将来要如何是好呢？他们家里岂不是要大大地争吵了。"耶稣告诉他们这并不困难，因为祂说，"复活的人并非如此"。祂在回答中就使用了"复活（resurrection）"这个字。

希腊人不喜欢这个想法，我曾经去到亚略巴古（Areopagus），或称马尔斯山（Mars Hill），就是保罗向一群希腊哲学家分享的地方。他们聆听保罗分享关于神、审判、人生、良知等的想法，也能够接受所听到的内容，但保罗却因其所说的一个字而惹他们发笑；而保罗所说的正是"复活"这个字。他们相信灵魂不死，但肉体可以复活这样的想法实在太过荒谬，于是他们开始嘲讽讥笑他。所以，希腊人对于复活的接受程度，比撒都该人也高明不到哪里去。

今日，有些科学家和哲学家相信，如果基督教想要被 21 世纪的人接受的话，就必须摒弃"复活"这个想法。从一方面来看，他们说，"这实在太唯物论了，天堂成了一个实际存在的地方。"但这就是耶稣所创造的天堂。"这会使得来世和今生太过相似了"，但如果神的创造就是这样,我们凭什么与祂争论呢?他们之所以无法接受的主要原因就是因为这实在太过神奇了,人们会说,"神怎么可能把死人的所有细胞都收集起来呢?更不用说已经火化的人。"当然,他们在问这个问题的时候就已经先限制了神的能力。

我们信仰的其中一个根基就是我们有一天会得着新的身体。这是已经通过历史——甚至科学——所验证过的事实。而根据事实验证的定律,因为耶稣已经从死里复活,就证明这是做得到的。

复活的证据比那个时期大多数(如果不是全部)的历史事件都还要更加确凿。任何一个愿意敞开心来检验这些证据的人应该都可以得出正确的结论。因为基督徒确信基督死里复活,拥有肉体,祂也曾说,"我不是鬼魂。因为魂无骨无肉,给我一些鱼吃",并在海边为他们烹煮早餐。正因为如此,所以我们相信肉体可以复活。祂被埋葬,灵和肉体分隔三天三夜。但全能的神在复活的主日早上证明了祂能够将这两者再次合在一起。在受死的前一日,祂说,"因为我活着,你们也要活着。"这不是单一事件,而是将会发生的许多复活案例中的第一例。

某天,保罗在一位名为腓力斯的人面前为自己的生命受审,他告诉腓力斯说,"我之所以在此受审乃是因为我盼望死人无论善恶都要复活。"事实上,他完全正确,正因为撒都该人,保罗才流落至此。保罗对此知之甚详,并为我们将此写下,因为这正是我们信仰的核心。如果

第三章 复活

基督没有复活,我们不如将教会关了。就算耶稣是有史以来最伟大的人,如果祂只像其他伟人一样死了,没有复活,那我们就不可能把这当成一件值得开心的事来谈。

我想要在这一章中讨论两件事:义人的复活以及不义之人的复活,而我们绝对无法逃避这个事实。圣经在提到死后的生命时,总是将人分为两群。但不管是在圣经的哪一个部分,圣经总是提到这种深刻的区别终将带出未来最大的区别,天堂和地狱,两者之间有深渊限定;打从一开始,圣经在提到肉体的复活时,就提到两群人(也就只有两群人):义人和不义之人。

现在让我们来看看圣经是怎样说这两群人的。首先,义人的复活。谁是义人?答案就是,神所接纳的一群人,他们配住在天堂、永远与祂同在,他们是记在神的生命册上的。这是最简单的说法。而针对这一点,圣经用了"称义(justified / justification)"这个很拗口的字来形容这群人。我认为洋泾浜英语(Pidgin English;译注:十九世纪中外商人使用的中英混杂形式的英语,其语法不符合英语习惯,语音受汉语影响。流行于当时的上海洋泾浜周边地区,故由此得名。)的翻译来得更佳优美。你知道有泾浜英语版本的圣经译本吗?这是为了世界各地使用泾浜英语的地区而翻译的版本。当中将"称义"这个连英国人都搞不清楚的拉丁字翻译为"神说,没问题了。"这真的是太棒了,这就是"称义"的意思。义人就是神说,"他没问题了"的那群人。

死后的生命

那你要如何进到这个类别里呢？你要怎样才能被写在生命册上呢？你要如何才能在神的面前称义呢？有两种方式。第一种就是成为完全，这是一种方式。如果你活出完全的生活，从岁首到年终所做的每件事都是好的，如果你做好该做的每一件事，不去做任何不该做的事，并活出完全的生命，那你就是神眼中的义人了。如果这是成为神眼中义人的惟一方式，那么古往今来就只有一个人（也就只有这么一个）是可以上天堂的，那就是耶稣——惟一一个神可以说，"你是义人"的人。但令人惊讶的是，圣经将其他所有人都放在另一个类别当中——不是因为他们完全，而是因为他们已经被饶恕、被原谅，因为他们自发地请求神在今生就来处理他们的案子，而不是等到来世；因为他们请求神现在就来审判他们的罪，并因着耶稣的缘故，他们的罪已经被饶恕。根据圣经，当一个人这样做时，案子将不需要再等到末日，神现在就会处理他的案子，并说，"你已经在我眼前称义。你没问题了。"这就是饶恕，所有向神请求的人都可以在神的眼前称义。

因此，这一类的义人不仅包括完全的耶稣，也包括所有因着祂而被饶恕的人。因此，这里面将包含一大群人，有朝一日，这些义人都将复活。这会带出两个问题：何时及如何？这会在何时发生呢？再说一次，圣经对于这一点是非常清楚完全没有疑问的，虽然在这个主题上还有一些不是很确定的时间点。这个非常清楚的时

第三章 复活

间点就是耶稣再来之际。你知道的，不是吗？世界历史的下一件大事就是耶稣的再来。不是人类站在火星上的那一日，不是第三次世界大战，世界历史的下一件大事就是耶稣再来的那一日。

每一位基督徒都在期盼那一日的到来，这也就是为何在圣经中，义人的复活总是和耶稣的再来紧密相连。这是基督徒典型的宣告："我们期盼着耶稣基督，祂将照着祂荣耀身体的样式来改变我们这卑贱的身体。"换句话说，我们在等候祂的到来，因为祂来临之时，这一切就会发生——义人将要复活。许多经文都指出这一点。另一段经文则是在我们之前读过的哥林多前书第十五章，但我当时没有读到的那个部分说，"……基督（首先复活），以后在祂来的时候，是那些属基督的"接着复活。所以，我们又再一次地看见这两个事件是连结在一起的。我们发现帖撒罗尼迦前书四章 16-17 节也说到同样的事，"因为主必亲自从天降临，有呼叫的声音和天使长的声音，又有神的号吹响，那在基督里死了的人必先复活，以后我们这活着还存留的人必和他们一同被提到云里，在空中与主相遇；这样，我们就要和主永远同在。"

还有许多经文也都指着耶稣的再来，虽然我们并不知道耶稣再来的时间点。但是当祂再来时，祂仍是离去时的那个耶稣。祂怎样升天进到云彩之中，也还要怎样再来。祂将驾云而来，而在祂升天时侍立在旁的天使说，祂的再来将会和祂升天的方式一样，只是顺序颠倒过来。祂怎么去，就要怎么再来，但祂再次来到地上之时，会和祂第一次的降临截然不同。祂第一次的降临是以卑微婴儿的样式来的，因此只有少数人知道祂就是那位君王。当祂第一次降临时，在天上只有些微的星光来预表祂的降临。但是当祂再来时，全世界都会知道来的是谁，在圣经上也说到那个记号将不会只是些微的星光。

耶稣说："闪电从东边发出，直照到西边，人子降临也要这样。"祂的再来将和第一次的降临非常不同。虽然是同样一位耶稣，却又很不相同；虽然是同样的方式，却又很不相同；相同却又不同。我想要让你知道的是，当我们提到主耶稣的再来时，你需要熟悉这个词汇，"相同却又不同（the same and yet different）"，因为当我问到我们将如何复活时，答案将会是相同的，相同却又不同，我们届时的身体将会和现在的身体有关联，但却又不同。

让我们来实际看看，那会是一具怎样的身体？这具身体会和我们现在的身体有关联。依照我们现有的经验，我们已经可以直接用很多方式来解释从一具身体转化为另一具是什么意思了。麦特刚刚提到，我也相信这在科学上是正确的，就是身体当中的细胞每七年便会完全更新一次，或者说身体每七年就会完成一次大改装。我不知道是否之前的身体还会有一小部分存留下来，但在正常健康的生命循环中，身上所有的细胞每隔大约七年就会完全更换过一次。所以哪怕是在地上，我们的身体就

第三章 复活

已经不是出生时原本的身体,而是彻彻底底更换过了。因此对于身体这样形式的改变,我们并非没有经验。年轻的身体最终都会衰老。

如果你学过生物学,一定会知道毛毛虫变成蝴蝶的奥秘。藉着虫蛹,身体进行了三次的转化;在外观上,每一具身体都和另外两具大不相同,第一具身体变成第二具,第二具身体再变成第三具,我们对此过程不感到有什么异常,但这就是身体的转化。所以我们在日常生活中早就已经历过了。

除此之外,保罗说你可以在花园中找到答案。如果你拿一粒种子或马铃薯,将之埋在土里,它会腐烂,归回尘土。几个月后,如果你把地挖开,它可能会只剩下一丁点外皮。但奇妙的是,在几个月后的某一天,你再挖开土来看时,你会找到另一具身体,和原本你种在土里的很像,却又不是原本的那一个。那是从原本身体而来的一具身体,原本的身体早已死亡并归回尘土之中了。

所以,你在自己家的后院已经有过类似的经验了。你将一些事物埋入土里,归回尘土,但新的身体从中生长出来,所以我们真没有什么借口说这些事物远超出我们的想象力。当我们在葬礼上将所爱之人的遗体埋入土中时,我经常会想象,这就好像把种子埋到花园的土里。我们期盼有一具新的身体从中生长出来——相像却又不同的一具身体;它会以超出我们理解的方式和原本的身体相连结,却又是一具崭新的身体。

死后的生命

它们会有什么不同呢？它们在某些地方一定是不同的。在哥林多前书第十五章的经文中，保罗告诉我们新的身体和我们现有身体的四个不同之处。首先，现在的身体是必朽坏的身体，但新的身体将会是不朽坏的。仔细想想，虽然这些字有些难以理解，但先让我们看看其中的意思。刚刚麦特使用我讲过的一句话，就是我们从出生就开始在死亡，这是事实。我就像是一个垂死的人在对一群垂死的人说话。我的意思不是说我们都从医生那里听到了什么坏消息。我想表达的事实是，打从我出生开始，就已经开始在死亡；我的细胞立刻会开始死去。随着年龄增长，我们愈来愈了解这一点；我们的牙齿、头发和骨头。头发变得愈来愈稀疏，牙齿逐渐脱落，骨头也愈来愈疏松；我们很清楚地知道这具身体正在逐渐朽坏，拒绝去相信这样的事是很愚蠢的。莎士比亚笔下那个"牙齿没了、视力没了、味觉没了、什么都没了（sans teeth, sans eyes, sans taste, sans everything）"的人不正是我们在镜中所看到的自己吗？

我们期待着一具不会衰老、不会变虚弱、不会朽坏的身体；一具可以不需要和朽坏不断争战的身体。牙医师一生都竭力地在打这场战，因为我们自己不想和朽坏及牙医师争战，我们就尽可能地不去想这件事，但牙医师需要为此来争战。物理治疗师、外科医师也都如此。我们需要为此争战，但在天堂却不是这样的。我们将会有新的职业，会发展新的恩赐，也会去看看有什么新的

第三章 复活

事物需要我们的服务。但如果说要将来世和今生的有趣程度做一个对比，圣经指出来世将会更加有趣，在那里的事物也会比这里的事物更加美好。顺带一提的是，将会有新天新地，地上将会和天堂一样美好，是一个全新的宇宙。我们将有很多事可以去做，但不会有医疗专业。

第二，这是一具耻辱的身体，而将来的身体会是一具荣耀的身体。我记得有一次前往医院探访一位基督徒，他因为身体的退化而像个小孩子一样，需要他人来帮他完成日常生活中的大小事。他转过头来对我说，"你知道吗？我终于了解'卑贱的身体'这个词的意义了。"他说，"现在要请人来帮我完成这些事，实在很伤害我的自尊心。"耻辱的身体的意思就是身体以某种方式承担了我们罪的印记，所有四十岁以上的人都可以从自己容貌的变化上看到这件事，我们的身体印记着我们的经历，这就是耻辱的身体。但荣耀的身体将会是如同耶稣一般的身体，如同祂在山上变像的身体，将会是极为荣耀以至于众人无法直视的。我们会像祂一样，拥有荣耀的身体。

保罗说，第三个对比是，这是一具软弱的身体，而到时候的身体将会是一具充满能力的身体。在我们进入巅峰时期之前，我们对于自己的软弱很有自知之明。然而在巅峰时期之时，我们会认为自己可以去做任何想做的事，完全不需要帮忙。但在那之后，我们又再次需要帮忙了。我们是软弱的。哪怕是在我们的巅峰时期，我们还是很软弱，也无法去做任何想做的事。就是少年人也要疲乏困倦，更何况老人和小孩了。在生命的开始和结束前，身体都是极为有限的；但是将来的身体会是一具充满能力的身体。在耶稣复活的故事中，我总觉得祂有能力去做任何想做的事，甚至是太空旅行。除了耶稣以外，没有任何人的身体能够在太空中存活。当耶稣升天时，所有人都还只能住在"地上"，但耶稣的身体有能力自由移动。对祂而言，就算把门锁上也没有任何影响。那是一具充满能力的身体，我们将会拥有处于巅峰时期、可以自由行动、充满能力的身体。

第四个是属物质天然的身体对比属灵的身体。属灵的身体并不是说我们的身体会像穿着睡衣一样漂浮的灵体，是摸不着的；它的意思是，我们现在的身体是由肉身、由尘土而来的，因此将来也要归回尘土。这是一具将我们绑在现实存在中的身体。而我将拥有的那具身体将会是由上（而非由下）而来的。到那日，相信身体惟一的起源就是漫长演化过程的那些演化论者都将因着上头所赐给我们的那具身体而晕倒。

这就是由上头而来和由地上而来之间的差别。每一栋人手所建的摩天大楼都是由地面盖起的，但我们所等候的那座城是神所经营、所建造的，是从天而降的新耶路撒冷。这就是基督徒和未信者想法的差别之处。未信者认为所有一切都是由尘土兴起，但基督徒说，"除非是由天上而来的，就不值得拥有，包括我们的新身体。"所以，我们的第一具身体是由地上来的，也会归回到尘

第三章 复活

土之中；但第二具身体是由天上所赐的，适合天堂的一切。属灵的身体指的就是这具可以自由地按着灵来运行的身体，这就是它的意思。虽然我从前拥有亚当的形象，但将来会拥有基督的形象。

对于那些当主耶稣回来时还活着的读者，这是要给你们的小提醒。如果你是其中之一，你将能拥有永远不死的快感，这令我感觉很兴奋。保罗盼望他在世时就能看到，但却落空了。每个世代的基督徒都在盼望着这件事——我们将永远不死。在复活的那一天，我们当中有些人会一起复活，但有些人可能还是活着的。至于那些还活着的人，他们会发生什么事呢？他也会需要新的身体，因为他们旧的身体是无法承受神国的。所以，我把一件奥秘的事告诉你们：我们不是都要睡觉，乃是都要改变，就在一霎时，眨眼之间，死人要复活成为不朽坏的，我们也要改变。

你可能经常会听到亨德尔的弥赛亚中唱到的。但你是否相信呢？那将会是历史上最嘈杂的一天了。大天使呼喊，号角声响，耶稣在大声中降临，那时的音量会大到连死人都可以听到。我们常说吵到连死人都要醒过来，虽然只是在开玩笑，但耶稣可以做得到，而且祂也会做成这事。

所以，我们现在可以对这两群人有比较清楚的认识了。我相信在丧礼中经常使用的一节经文中同时提到了这两群的人。耶稣说，"复活在我，生命也在我。信我的人，虽然死了，也必复活"——这是第一群人，

"凡活着信我的人必永远不死。"这在我看来就是另外的那群人了。在祷告的书中通常称他们为"活人（和）死人（the quick and the dead；译注：出处为英皇钦定版英文圣经的提摩太后书四章1节）"所以我们可以看到这两群人。那些相信耶稣，但已经死了的人将要复活；而那些相信耶稣，但还活着的人，他们永远不死。但不管是哪一群人，我们都会一同被提。这样的想法何等美好。这是多棒的一场相遇！那将会是你所参加过最大的基督徒聚会了。

但我现在必须来到比较严肃的那一面；就是不义之人的复活。圣经中说得很清楚，所有人都会死里复活。不义之人就是那些还没接受神的人，用白话来说就是还不完全，也还没被饶恕的那些人。我们会在下一章中更多谈到这一点。但我们先来看两个问题：这些不义之人会在何时复活？以及他们会如何复活？首先，何时复活呢？许多人认为他们会和义人同时复活。

但在仔细查考圣经之后，我只能老实说，虽然我愿意尊重其他观点，但在查考之后，我真的相信他们并非同时发生的。首先是主耶稣关于"取去一个，撇下一个"的教导，因为这是我们需要考虑的。这样的教导曾经使得很多丈夫因此来信耶稣，因为他们发现自己的妻子会被取去，但他们会被撇下。但还有许多其他的事物需要被考虑进去。每次提到义人的复活时，"从死里复活（resurrection out from among the dead）"这个不寻常的词就会

第三章 复活

被提到。这是基督徒专用的一个词汇，这使得基督徒不同于其他人。

此外，哥林多前书第十五章说到，复活的发生有三个阶段：首先是基督，再来是属祂的百姓，第三个阶段即是世界的末了。如果我们仔细阅读圣经的话，不义之人的复活很清楚是在世界的末了。此外，在经文中写到义人复活时，并没有提到有不义之人会同时复活。而在圣经的最后一卷书中有着最清楚的说明，当中非常直接地提到第一次和第二次的复活，并说，"在头一次复活有份的有福了"。所以，我相信虽然所有人都会复活，但不义之人的复活会远在义人复活之后。然而在谈论到更多细节之前，我想要先在此打住。

另一个问题是"如何复活"？如果义人所得到身体是反射出他们在基督里真实生命的荣耀，那我认为不义之人所得到的身体也会反射出他们真实充满罪性、自私特质的身体。我觉得这是一个非常可怕的事。即便是在今生，随着年纪增长，我们真实的特质就会愈多地表现在我们的身体之上。如果我们认为基督的荣美会彰显在圣徒身上，那么撒但的恐怖也要彰显在罪人身上。如果义人的复活使圣徒的荣美可以达到完全；对我而言，不义之人的复活也会使罪的丑恶长出合乎逻辑的果子。我想这就是圣经说"不义之人复活时会受羞辱并永远被憎恶"的意思了。

我的结论如下。我们为什么要从死里复活？答案很简单：使审判成为可能，并依此给予奖赏和惩罚。我们在下一章中会更多讨论这一点。我们先用耶稣的话来为这个主题做一个总结。在约翰福音中，祂说，"时候要到，凡在坟墓里的，都要听见祂的声音，就出来，行善的复活得生，作恶的复活定罪。"这是耶稣所说的话。我们在下一章中将会从这里继续往下看。

第四章
审判

传道人经常需要主持葬礼。这个呼召的其中一部分就是随时随地都可能需要去服事，而这也让我们有机会认识到所谓的礼仪师。对传道人而言，能够偶尔和基督徒的礼仪师合作也是很开心的，因为他们了解传道人想要达成的目的，以及在那样的情况下真正的需要是什么。但更重要的是，在最需要帮助的时刻，他们可以站在那个位置上，第一个去到死者家中，为家属带来安慰的话语。我很感恩今天早上韦克菲尔德先生可以来到我们中间。我将会向他请教几个问题，听听他的分享。或许，透过他的回答，我们可以从这些第一手的观察中学到一些东西。因为在所有的呼召中，这个呼召是最需要直接去面对死亡，接受死亡，并且帮助人们来面对死亡的。

大卫："韦克菲尔德先生，我忘记你已经成为基督徒多久了。是否可以请你告诉我们你成为基督徒已经多久了，以及你如何成为基督徒的吗？"

韦克菲尔德先生:"我得要找一下我的圣经。是的,我是在1952年成为基督徒的。我会说,我之所以会成为基督徒是因为有关心我的人认为我应该成为基督徒,所以他们为我祷告。我记得当时我儿子只有4岁——现在已经23岁了。我们那时决定让他去参加主日学——我猜可能是觉得小孩很烦!我们决定让他和妹妹都去参加主日学,所以就联络教会。那时教会的牧师是一位荣誉牧师,他经常会打电话给小朋友的家长,而我刚好就是其中的一位父亲,所以他也打电话给我。这位好好先生决定为主赢得这个家庭,而在他和我分享神话语的过程中,他为主得着了我们全家。在那之前,除了去过一家小礼拜堂外,我从未进过教堂,因此我甚至不知道教堂里面到底长什么样子。有一段时间,他不断和我分享神的话语,每隔一两周就打电话给我。现在,我相信——当然那时候我并不知道——这是因为有人在为我祷告,我才会信主的。"

大卫:"能知道这段过程真的是太好了。但你成为礼仪师的时间比那更久。以前大家都说是殡葬业者,但现在已经没有人这样说了,我记得他们在美国将之称为'参院顾问(senatorial consultant)'。在某个程度上,这真的是一个奇特的呼召,因为你藉此来帮助他人。这并不是一个很多人会愿意从事的呼召,所以你是怎样成为一个礼仪师的呢?"

韦克菲尔德先生:"原本我的父亲认为我应该去当学徒学习一些东西。虽然不觉得自己的工作有多么了不起,但我从一个制作橱柜的学徒开始做起,过程中也学习如何制作棺材。因此,我想我可能是这一行中惟一一个从底层开始做起的礼仪师了。"

大卫:"从某个角度来看,这样的生活可能相当孤单。我在这个系列的讲道中曾经说到,人们正在逃离死亡,因此很可能不想要和任何与死亡相关的职业有所牵连。你认为是这样的吗?"

韦克菲尔德先生:"正如我刚刚对大家说到的,这个行业并不讨喜。没有很多人会想要和我做朋友。"

大卫:"你现在有机会去帮助一些人。你会在他们最需要帮助的时刻见到他们。请你诚实地回答我,你在丧礼期间去到基督徒家中时,你是否注意到他们有任何不同呢?"

韦克菲尔德先生:"身为基督徒,我确信神与基督徒同在,特别是在葬礼的时候。我注意到对主有坚定信仰的人,会更加抓住他们的信仰和主耶稣。虽然他们也会因为失去亲人而悲伤,但我注意到他们不会像没有信仰的人一样表现出那种伤感和绝望。"

大卫:"那么没有信仰的人在这样的状况下,都是如何安慰自己的呢?"

韦克菲尔德先生:"根据我的观察,他们通常都是利用周遭的事物,以世界的方式,例如喝酒,来安慰自己;但就算经过一段很长的时间,他们似乎仍然无法感到满足。

大卫:"根据最近的盖洛普民调,在英国有98%的人希望可以有神职人员来为他们主持丧礼。但从会众的反应来看,却很少有人希望和神职人员熟识。所以就传道人的角度来说,这是很令人感到疑惑的,因为有大约九成的人在世时不希望和我们有太多关联,但却希望我们可以为他们主持丧礼。你对此有什么看法呢?"

韦克菲尔德先生:"恕我直言,在人们失去亲人之际,我通常是第一个抵达现场的人。身为基督徒,我觉得自己第一件要做的事就是引导他们去找到一个可以和他们分享神话语的人。我知道自己身为基督徒,应该更尽力地去传福音,和更多人分享我们的主。虽然当我有这样的机会时,我也会尽量如此去做,但我总觉得传道人已经预备好来做这件事,所以我一有机会就会联络他们。如果对方的信仰是英国国教会,我会联络他们教区的传道人,并告诉他有关这个人的一些讯息,同时也告诉这个人说有传道人会联络他。如果那个人属于浸信会,他们通常都会保持和传道人的联系。所以我最需要去处理的就是那些没有参与在任何教会组织或与传道人有任何联系的人。"

大卫："我相信你自己在事后也会跟进。"

韦克菲尔德先生："是的。我会在事后寄出上面会印有神话语的悼念卡。因为我提过我自己就是因着神的话语而信主的，所以我相信神的话语。我也认为如果我将神的话语送给其他人，他们也有可能会和我一样有机会信主。"

大卫："不管是在你信主前还是信主后，身为一个礼仪师，你都需要直接面对死亡。请问你对死亡的第一个反应是什么呢？是会想要退缩，还是变得冷淡呢？"

韦克菲尔德先生："我认为我从来没有变得冷淡过。在面对死亡时，我始终保持一份敬意。"

"我知道神的话语说死亡是最后一个仇敌，但我认为它是值得我带着敬意去面对的一个仇敌。在旧约中，以色列人在接触死亡后，会拿牛犊献祭，并将烧完的灰烬洒在水面上，作为洁净。但我觉得我们现在已经能够就近我们的主耶稣基督，祂会来洁净我，并让我不会有任何的不良反应。"

死后的生命

大卫:"所以你认为要相信有死后的生命容易吗?"

韦克菲尔德先生:"在我成为基督徒之后,我学习到有关死后的生命。因为几乎每一堂的崇拜都会提到哥林多前书第十五章,所以我时常被提醒。如果有人不知道我在说什么,可以自己去看看那段经文,主谈到死后的景况——因此保罗也照着分享。"

大卫:"最后,对于那些不愿意面对死亡或思考未来的人,你有什么想要对他们说的吗?有什么是你想要传达的吗?"

韦克菲尔德先生:"我经常在想,不管年长或年轻,没有人知道自己何时会离开这个世界。我认为人们需要更多将永生放在心上,对那些需要关心的人应该要更加去关心他们,他们自己也应当要更加就近主耶稣基督,知道祂是他们的救主和朋友。我认为这不只是一个保险,惟有更多对于基督的信心,并真认识祂,信心才能落实,如同将脚扎稳在磐石中一样。不管是今生的疾病困苦,还是将来的永生都是如此。"

大卫:"非常感谢你,韦克菲尔德先生。因为在工作上你们经常需要保持严肃,因此大部分人会认为礼仪师比较阴郁。但真的很高兴能见到你,并在你身上看见属基督的喜乐。"

第四章 审判

韦克菲尔德先生:"在结束之前,我想要读一读我所寄出的卡片上的内容。"

大卫:"没问题。大家也都很感兴趣。"

韦克菲尔德先生:"我得要先戴上眼镜才行。"

大卫:"你通常在葬礼之后多久会把这张卡片寄出去呢?"

韦克菲尔德先生:"我会尽可能早一点把它寄出去。"

大卫:"好的,请读给我们听。"

韦克菲尔德先生:"这是罗马书八章38—39节的经文:'因为我深信:无论是死,是生,是天使,是掌权的,是有能的,是现在的事,是将来的事,是高处的,是低处的,是别的受造之物,都不能叫我们与神的爱隔绝;这爱是在我们的主基督耶稣里的。'这就是卡片上的内容。"

大卫:"非常感谢你来到我们中间。有你真好。"

死后的生命

希伯来书 9 章 27 节写到,"按着定命,人人都有一死,死后且有审判。"世上每一个人在生命中都会有两个我们无法确定时间的日子,因此也无法将之提前记在日记上。第一个日子就是我们死亡的日子,如果我们可以提早知道是哪一天,就可以将之记在日记上,并好好地去做预备,但大部分人是不可能知道的。或许是因着神的怜悯,我们才能在这样的不确定中继续勇敢地活下去。而另一个日子,我们也一样不知道它的日期,但却可以确定它必会发生,而在那之后才有审判。

每个人都知道第一个日子必会来到,但如果你顺其自然,只专注在这件事上,那么你的反应就是尽情狂欢:"我们就吃吃喝喝吧!因为明天要死了。"如果这是我们未来惟一必然的日子,那么我们现在就该尽情狂欢,尽可能地去享乐。这也是很多人正在做的事,如我之前所提到的,一项针对英国萨里郡(Surrey)第六学级学生所做的盖洛普民调显示,有超过一半以上的人认为他们活不到中年或是老年,他们认为世界在那之前就会被炸成碎片。所以,他们的目标就是在那之前尽情狂欢。如果你不知道为什么一些年轻人的行为会如此疯狂,这就是原因了。

但如果我们把紧接在第一个日子之后的第二个日子也放入考量之中的话,你会发现这是一个很值得省思的问题,人生不只是尽情享乐而已。本章的主题是"审判",这不是一个讨喜或很安慰人的主题,甚至就某个层面上

第四章 审判

来看也不会有什么帮助。但是当我们谈到死后的生命时，很大的诱惑就是我们会只想要去谈其美好的部分。事实上，我也可以先分享六章关于天堂的内容，这样大家都会很开心，但这并非真相的全貌。在我们先去面对先来的事实之后，在最后一章谈到天堂时，反而会显得更加甜美。

透过刚才的前言，我想要先来谈谈两件事。第一件事就是，需要审判的原因和我们一生的所做所为是相关的。我们一生的所作所为在未来需要有一个总整理、补偿和结算的时刻。为什么说这是必要的呢？有两个原因：首先，因为生活中的不义。因为世界上的确有许多恶人昌盛，好人受苦的情形。而且生命本身也需要整理、升级和拨乱反正。生活中会出现不公、不义、不平衡的事物。如果我们了解世界上的孩童受苦的情况，就会让我们知道这样的不义需要被审判。如果拿破仑和达米盎神父（译注：十九世纪一位终身为麻风病患争取人权与尊严的比利时籍神父）、希律王和施洗约翰、耶洗别和马利亚、希特勒和史怀哲，他们人生最后的结局都一模一样，这是不对的。我们的本能告诉我们，在死后的某处，这所有的错误都要得到改正。

必须要有审判的另一个原因就是因为神的公义；这世上不只有生活的不义，也有神的公义。如果神是良善的，祂就需要使事情往正确的方向发展。如果我们说神是公义的，那么因为生活是不公的，因此在死后，神的公义就必须展现出来。如果神是良善的，但未来没有审判，那么我就无法相信祂是那位良善的神。对于那些对我说"看到世界变成这样，你如何期待我能相信神是良善的"的人，如果未来没有审判，我们就无法回答他们。如果我们的眼光只看到今生，我们就无法相信神是公平的，因此圣经一再强调这一点说，不管一个人所种的是什么，有朝一日必要收割结果，因为神是轻慢不得的。

接续刚才的前言，我们接下来要来看的第二件事就是：不单审判是必须的，确定一个审判日也是必须的。为什么呢？为什么神不能在我们去世的那一天就审判我们呢？为什么需要等待到某一天才来审判呢？当然，对基督徒而言，我们从未相信审判是在死后就立刻发生的。在我们复活之前会有一段的等待期，然后才会有审判日。为什么要有这么一天呢？答案很简单，就是正义是需要被公开的。

如果你有过这样的经历——我希望你有过，因为这是你的权利，你也应该使用这个权利——就是去参访法庭审理，你就会知道你有权自由地参与在这样公开的展示中。为什么呢？因为根深蒂固于英国司法系统中的一项本质就是正义必须被公开。这也就是说，必须要能够展示给大众看的正义才是真的正义，而且需要由众人来做见证。正义不能是秘密进行或隐藏起来的。无论直接关系的人会感到如何的痛苦难受，我不希望像这种公开的展示从我们的法庭中被废除，因为如果一个国家的审

第四章 审判

判是无法公开的秘密审判，这是因为极权主义的统治害怕让人民看到发生的事，进而发现审判的不公。

正义必须是可以公开的，因此圣经很清楚地提到神的审判将会是公开给所有人看的。为什么呢？理由有三——首先，必须证明神才是正确的。神需要让所有人看见祂是公平的。许多人目前并不如此相信。他们说，"神没有公义，不公平。为什么祂会这样做？为什么祂会允许那样的事发生呢？"所以必须要有一天，所有的人都可以看着神说，"祂是公平公义的"。神必须被证明是正确的，基督必须被公开证明祂是正确的。世人上次看到基督是在一个审判日中，世人看见祂被定罪。所以也必要有一天基督可以公开被看见祂是正确、公平而公义的。

基督徒必须被证明他们是正确的。世人对基督徒一直非常不公平。在过去的两千年间，没有任何一段超过十年的期间是基督徒不因自己的身份而殉道的。基督徒必须被证明他们是正确的。将会有那么一天，他们会被公开承认是神的百姓，因此这样一个审判日的事实就被写在圣经之中。当你读到圣经时，你不可能没看见这个事实。这出现在旧约先知所写的书卷之中，也在新约使徒所写的书信里面。更重要地，这出现在主耶稣所说的每一个故事中。

如果你仔细去读耶稣所说的比喻，这些奇妙故事中的真理是如此深奥，终此一生都没有可以完全了解的一天；而这些故事一次又一次地指向那一天。麦子和稗子一齐成长，直到那一天来到，然后就被分别开来。绵羊和山羊一同牧放，直到那一天来到，然后就被分别开来。聪明的童女和愚拙的童女生活在一起，直到那一天、那一个时刻来到，然后就被分别开来。好的鱼和不好的鱼一起被网上来，直到那一天来到，然后就被挑选分开。许多耶稣所说的故事都停在准备拿起镰刀来收割的那一天。那时会有灾难临到，将原本在一起的分别开来。

让我们把审判日比作是一场庭审，因为这是圣经上教导我们该如何去看待这件事的方式。首先，我们须了解法官是谁？今天坐在审判席上的是谁？因为经常有机会去到法庭，我发现这是审判的关键因素。谁是今天的治安法官（Justice of the Peace；译注：欧美法庭上负责处理较不严重的刑事诉讼及民事的法务人员）？是某人——通常谁会比较严厉或比较宽松，诸如此类的消息会到处流传。今天是谁在负责审判？这是一个至关紧要的问题。谁要来审判我呢？谁会来承接这个案件？大部分人可能会说是天父，但事实上这个答案是错的，因为天父已经将在这个大而可畏的日子中施行审判的责任委任给了一个人，这是圣经上的教导。祂已经将之委任给了一个人类、一个男人，一个要来审判人类的人——一个知道身为人类像是什么样子的人，一个知道身为人类会有怎样压力和问题的人，而祂的名字就是耶稣。

听听保罗在雅典这个当时世界文明的中心所传讲的信息："神已经定了日子，要藉着祂所设立的人——耶

第四章 审判

稣——审判天下"。我们需要记得，耶稣至今仍然拥有人的身份。祂不单只降世为人33年的时间，而是永远都会拥有人的身份。就算在祂坐审判台的那一天，祂仍会拥有人的身份，因为祂就是个人。要来审判人类的将会是一个人。这让我觉得有趣，但也令我敬畏。在那天，坐在审判台上的耶稣将会与坐在被告席上的本丢彼拉多对质。历世历代中曾经审判过耶稣，并且说他们认为祂是谁的人也都会面对同样的关键问题，祂会来宣告祂认为他们是谁——将会有一个与我们在福音书中所读到的情况恰好相反的画面出现。

那犯人是谁呢？答案就是所有曾经活在世上的人类，无论年纪大小、国王或奴隶、死的还是活的，甚至在挪亚的时代中那些溺死在海里的人也都会在那里。圣经特别告诉我们这一点。那些已经被埋葬的人会在那里，所有的人都会在那里。非常重要的一点是，所有人都会一个一个地被审讯。我想如果是一群一群，或一国一国被审讯的话，有些人可能会觉得比较放心，但经文上说得非常清楚是一个一个的。不用问我神是如何做到这一点的。我无法解释神如何在审判日那一天能够一个一个地审讯所有的人，并在那里花上数个小时的时间去聆听一个人的案件。我真的不知道祂是如何办到的，就如同我也不知道祂是如何知道我头上的头发有几根，但我知道祂是神。

祂会来处理这些问题，而且可以确定的是，祂会一个一个地审讯所有的人。任何低于这样的标准都是不公平的。当我们在学校时，如果校长或导师因为一个人犯了错而处罚所有学生的话，我们会直觉地认为这是不公正、不公平的。所以如果神也只是照着同样的标准来做的话，那不就和人一样不公平了？所以圣经直接了当地告诉我们说，每个人都要为自己交帐。你不需要去为其他人交帐，只要为你自己就可以了。祂会一个一个地亲自审讯所有的人。我们不需为他人的生命去交帐，仅需要为我们自己的生命交帐。这应该会让我们更加关切自己的标准是什么，而不是其他人的标准。

第三件事：会有什么呈堂证供？首先，我们必须了解，所有的呈堂证供在那天都将变得毫无价值。不幸的是，我们都以外貌来相互论断，这是我们的天性。我们以自己所看见的来相互论断，但经上说，主不看外貌，而是看内心。祂所在意的是我们的内心，而非外在。

经上说，我们的声明——我们所说的话——无法作为证据。主说，"凡称呼我'主啊，主啊'的人不能都进天国"。从"不能都"一词可知，不是因为我们所说的话。你可能唱过圣诗，也可能做过祷告。"声明"——我们所说的话——不是祂使用的证据。经上说祂不会使用他人的证词，也不需要被告证人，因为神知道所有祂需要知道的事。我们无法说，"听听看我的邻居有什么要说的？我帮了她不少忙，她可以为我美言几句。"神知道所有的

第四章 审判

证据，也不需要证词。对于法律上的技术细节不会有任何争议，因为我们所面对的是完全的律法。没有任何漏洞，也没有任何可以美化事实的狡辩。

什么证据会被拿来使用呢？圣经上告诉我们，案卷会被打开。在其上会记载些什么呢？其中会有什么证据呢？答案其实非常简单。我们透过这具身体所做的一切都是"工作"的一部分。让我先来解释一下"工作"这个字，它不单指我们的善行，我们所做、所说、所感觉到的一切才是我们真实性格的表现。所以不只是我们在执勤或演出时所做的事，我们所说、所感觉和所做的都在表现出我们的真实样式。

这就是为什么我认为耶稣所说过最令人感到害怕的事就是，我们会照着自己说过的闲话来被审判。祂的意思就是说，我们偶尔的口误事实上是在显露我们的本相，这才是会被拿来使用的证据——所有显示出我们真实性格的事物。这些都已经被记在案卷之上了。如同主耶稣所说的，许多秘密都会被显明出来。在内室附耳所说、所做的，将要在房上被人宣扬。在那日，他人所不知道关于我们的事都将会被当作呈堂证供。

第四个问题：这些证据会被以什么样的标准来检视？合格的标准是什么？身为一名英国皇家空军的军牧，我常开新兵们玩笑，这些刚入伍的孩子们在开始受训前都得要先到军牧这里来。我会问他们当中有多少人是循理会的，有多少人是浸信会的……等等的。当他们举完手后,我又会问,"在这里有多少基督徒呢?"他们会变得很犹豫,彼此对望,看看有没有人把手举起来。

偶尔会有人把手举起来,从他们的表情上,我就可以了解他们知道我所说的是什么意思。但经常会有人说,"你说的基督徒是什么意思呢?"我会说,"那你认为基督徒是什么意思呢?"他们会说,"就是那些遵守十诫的人。"这句话被说出来的次数多到令人惊讶,之后我会接着说,"好吧,基督徒就是那些遵守十诫的人。那么我们当中有多少基督徒呢?"再一次,每个人都很犹豫。"没有人能够遵守所有十诫,军牧。""好吧。那合格的标准是什么呢?你们认为需要遵守几个才算?"在一番讨论之后,他们几乎每次都会把答案定在十条中遵守了六条的比例。然后我就会说,"好的,基督徒就是那些十诫中遵守了超过六条以上诫命的人。那么在这里有多少基督徒呢?"

合格的标准是什么?标准是什么?答案很简单,很多人在这一点上似乎都遇到障碍,但事实上我们不需要那样去想。进一步来说,神向我们显明了祂的意志,而我们每一个人都会照着自己所知道的部分来被审判——不多也不少。因为如果神照着人所不知道的来审判他们,那将会是非常不公平的。罗马书第二章给了我们一个确信,这样的事情永远都不会发生。经上告诉我们说,每个人都会照着自己所得着的亮光来接受审判。没有比这更公平的了。

第四章 审判

现在让我们简单地看一下这方面主要的三群人，顺便把这件事弄清楚。首先是那些听过耶稣基督并知道祂标准的人，他们会被耶稣基督以基督徒的标准来审判。许多人告诉我说，"那么那些没有听过耶稣基督的人呢？"我的回答是，"因为你听过，这是你需要去交的帐。"你可以将那些人交给神来处理，但如果你听过耶稣基督，你就会以这个原则来接受审判。你被审判的方式和他们不同，但如果你听过耶稣基督，如果你听过祂为了拯救你而受死，也知道祂想要你成为祂的门徒，但你却拒绝了，那你就会依此来接受审判，因此才会有所谓"基督教国家（Christendom）"的说法。

我会把英国放在这个类别里，因为这个国家中的大多数人仍然会找神职人员来主持其葬礼。这个国家中的大多数人对于基督教也都还有基本的认识。他们在求学的过程中，有大约十年的时间都会接触到。我知道目前学校校园教导的内容是神所允许的，但他们至少都曾学习过。他们都曾经听过耶稣，在街道的每个转角也几乎都会有一家教会，因此我们在接受审判时会照着这个标准。"我们若忽略这么大的救恩，怎能逃罪呢？"

然后是犹太人，他们虽然没有我们所拥有的，但经上提到那些拥有十诫的会以十诫的标准来审判他们，这是每个犹太人都知道的。还有就是异教徒的世界，人们会问，"那他们呢？"答案是，他们当中有许多人从未听闻耶稣基督的福音，甚至也没有十诫，但他们有两件事是神显明给他们的。他们可以看见神的创造，神所造之物已经足以告诉他们有一股比他们更高的力量，他们应该臣服于祂。另外他们也都有良知，而神藉着良知向他们显明对错之间的差别。因此他们会依照外在的创造和内在的良知所领受到的亮光来接受审判。在地上没有任何一个人是没有一丁点良知的，所以他会依此来接受审判。因此，我们生命中由神而来的考验将会是，根据我们所得着的亮光，我们愿意如何去和神以及他人互动。

这个案子虽然公平、公正、直截了当，但老实说，却也最令我担心。因为我至今从未遇到一个可以直视我（无论他对基督徒的事物有多么无知）真挚地说，"我活出的样式从未低于我所得着的亮光，我对于自己所看见的真理也都认真地回应了。"从来没有任何一个人可以做到这一点，因此保罗的结论是正确的，神会照着我们所得着的亮光来审判我们。而根据这个亮光，我们在神面前都是有罪的。这是非常简单明了的。

如果有人问说，"为什么我们需要将福音传到海外？"这就是原因了。如果他们在神面前是处于无辜的状态，那么将福音传给他们反而会使他们被定罪。这会使得许多原本不需要去地狱的人因此要下地狱，因为这会使他们犯了拒绝神的光的罪。但圣经上提到，他们拥有光，却拒绝了那光，因此迫切需要由耶稣基督而来的饶恕。这就是宣教和传福音的心，这就是为何我们要去传耶稣的原因，因为理论上如果有人可以活出相称于光的标准，神会在那一

第四章 审判

日来临时接纳他。但实际上，没有任何人可以达到那个标准，这也无法怪罪于遗传或是环境。就某个程度来看，我们所有人都必须说，我们需要对自己会变成怎样的人负起责任。因为如果我们能够完全地回应我们所知为正的事，就不会变成现在这个样子了。

这使我们处于有罪的身份当中。如同伯沙撒王一样，我们会被秤在天平上，显出我们的亏欠。但经上却也同时说到，有许多的人将会被无罪开释。事实上，经上进一步地说到，这些人甚至不会去到被告席，而是会在审判席旁协助这位审判官（Judge；同英文的法官）。但圣经上还提到一个我认为是最特别的声明——会有许多人和耶稣一同坐席来审判世界。这些人是没有被定罪，是无罪开释的；或者用罗马法庭的说法，他们是"称义"的。

为什么会这样呢？答案是，还有另一本案卷会被打开。我刚才所提到的那些案卷中纪录着我们表现于思想、话语和行动上的真实性格，但在那一日，还有一卷被称为是"羔羊的生命册"的案卷会被打开。这本案卷属于耶稣，而且只有祂才能在其中书写。这卷生命册包含了许多人的名字，包括（我希望能有）你的名字。如果你的名字没有在那上面，那一定是你的问题，而不是其他任何人的问题。

这是那些要求提前审理他们案件的人的案卷。这本案卷属于特意请求神不要等到审判日才来处理他们的罪，而是提前到现在就来处理的那些人的。他们期待的不是靠着自己的善行来胜过恶行，以至于在不知不觉中高过那个标准，而是知道耶稣耶稣基督为我们而死，所以我们可以无罪开释，称义，并白白地得着饶恕。这就是十字架的意义，也是其心意。

神并不想要来惩罚我们，祂对于报复也不感兴趣。神不喜悦恶人死亡，祂是一位慈爱怜悯的神，也是一位公义的神，祂渴望尽早来处理人的案子，好使他们可以无罪开释。祂渴望如此行，但如果祂不透过十字架就这么去做的话，那祂就算不上是一位公义的神。如果祂直接忽视我们的罪，并说，"看看，孩子就是孩子。我们就原谅他们，忘了就好。"我绝对无法说祂是良善的神。我可能会说祂是个好好先生，但我绝对无法说祂是良善的神。祂需要找到能够同时满足正义和怜悯的方式，而十字架就是那惟一的方式。这也就是为何祂现在就可以来处理你的案子。而你也可以将自己曾经犯过以及将来会犯的罪都一起带到祂面前来，请求祂现在就先来处理你的案子。一旦你将自己所做过的一切都陈明在祂面前，并从法庭上获得无罪开释，这些过犯就无法继续再被用来定你的罪了。

这就是福音。对于那些知道的人，这就是好消息。当众人赤身露体站在神面前的那一天来到时，人在生命中的真实表现将会被展现在大庭广众之上。他们虽然知道人没有任何机会可以从中无罪开释，但他们仍然可以谦卑地说，"神啊，因着耶稣基督的缘故，可以请你现在

第四章 审判

就来处理我的案子吗？请你看看我所做的一切，耶稣已经代替我处理了这些事。因着祂的死，你的公义是否已经得着满足？我是否能够祈求你的怜悯？"所有这样做的男女老幼，他们的名字都会被记载在另一卷案卷——就是羔羊的生命册中。而当那个日子来临时，生命册同时也会被展开。

这是否意味着基督徒永远不会受到审判？是的，如果你指的是要接受惩罚的审判，这句话并没有说错。"如今，那些在基督耶稣里的就不定罪了。"没有比这段经文说的再清楚不过的了。但有一种的审判，如果你可以称之为审判的话，是以奖赏基督徒，而非惩罚为目的。主耶稣会来查验我们对祂的服事，不是为了要阻止我们上天堂——基督徒一定可以上天堂——而是以奖赏我们为目的。我们在天堂中的职位和责任将会取决于我们信实的程度，因为我们在地上就已经成为基督徒。这在新约多处都曾被提到。因此，基督徒绝对不会到大街上跳着舞大叫说，"你会下地狱，但我不会。你要受审判，但我不用。我可以做任何我想要做的事。"相反地，基督徒会因着无罪开释而感恩，并且了解到他所做的服事仍然要被查验及奖赏，因而在对神的敬畏之中，以信实的服事来度过在地上寄居的日子。

这就是每个人都要经历的审判——也就是第二个日子——的事实，以及你可以如何现在就进到这第二个日子中把所有问题都处理好的方式。如此一来，这些事就永远无法再被用来攻击你了。圣经最后一卷书的作者写到,"我又看见死了的人,无论大小,都站在宝座前,案卷展开了;并且另有一卷展开,就是生命册。死了的人都凭着这些案卷所记载的,照他们所行的受审判。"在下一章中,我们会继续这个主题,并看看什么是地狱。地狱真正指的到底是什么?然后,在接下来的一章中,我们会引用约翰·卫斯理牧师所写圣诗中的一段,"波浪被分开,将我们带入天堂"来分享。

第五章
地狱

本章的主题是"地狱"。不同的读者对于这个词的反应可能会大相径庭。对于英国的劳工阶层来说,"地狱"这个词很可能只是他们敲错钉子时所骂的粗话。对于生活在美国德州的人来说,"地狱"这个词会让他们想起当地一座名为"地狱"的小镇,观光客喜欢去那座城镇,好从那里寄出盖有当地邮戳的明信片,上面写着"我们在地狱玩得很开心"之类的话。在加拿大卑诗省有一条又深又黑的峡谷名为"地狱",有人住在其间,其中住在那里的一些人是因为觉得这样很新鲜。

"hell(地狱)"这个词起源于盎格鲁-撒克逊语(Anglo-Saxons),单纯指的是一个隐密的地方。比如裁缝师工作台下用来丢弃废布的小空间就被称为"hell",因为它就是一个隐密的空间。它也可以指情人们用来幽会、不想被人发现的地方。"hell(地狱)"这个源自英语的单词单纯指一个看不见的隐密之处或黑暗的地方。

从这里,你可以看到这个词是如何开始产生其他联想的,但我想在西方世界中,"hell(地狱)"所代表的远比它起初的意思更加严肃,因为我们深受但丁(Dante

Alighieri）和弥尔顿（John Milton）的诗以及丢勒（Albrecht Dürer）的画作所影响。每当提到地狱时，我们心中已经有了一个图案，当中有一些可能是对的，有一些可能是错的，另外有一些则来自人们的想象力。

在本章中，我所在意的不是地狱中的一些点缀，像是关于地狱里的温度或天堂中会有什么家具之类的；也不是像"火辣冰淇淋"或一些会在学校和职场上听到关于地狱的笑话；而是它存在的真实性。对于好人在死后会去到好的地方、坏人会去到不好的地方这样的想法，早在新约完成之前就已经烙印于人类的心思意念之中。

在人性的深处，我们直觉地相信在死后会有某种对于善恶的区分。未来有两个不同的地方在等待着我们，其中一个会有无止尽的喜乐，另一个则有无止尽的折磨。举例来说，柏拉图用两个名称来描述这两个地方。他称这个快乐的地方为"Elysium"，也就是"Elysian Fields（至福乐土）"这个词的来源，并称另外那个地方为"Tartarus（塔耳塔洛斯；冥府）"。有趣的是，新约圣经写到"地狱"时，也使用了这个词。虽然它源自于一位异教的哲学家，但新约圣经似乎也认可了这个并非源自于圣经的想法。

我暂时先将地狱定义为一个特意用来永远折磨惩罚恶人的地方。然后我要问一个问题，"在21世纪的今日，基督徒还拥有这种可怕的想法是否正确呢？"我要从三个不同的角度来看这件事。首先，由知性的角度来处理双

第五章 地狱

方都曾经提出过的一些观点。然后我要从圣经的角度来看，并问说，"圣经上到底是怎么说的？"第三，我要由务实的角度来看这件事，并问，"你相不相信这件事，对日常生活会造成怎样不同的影响？"

首先，从知性的角度来看。毫无疑问地，当今社会的大多数人已经不再相信有地狱这样一个地方。我曾和许多人讨论过这个主题，但很明显地，大部分英国人已经不再相信有一个如我所定义的地狱。关于地狱，有许多人提出反对的看法，甚至提出替代的想法。

前一段时间，我在二手书店买了一本名为《是否有地狱？》（*Is There a Hell?*，暂译）的旧书。事实上，这是一本由几十名基督教牧师和天主教神父共同出版于1913年的书。在这几十位传道人中，只有两位相信有一个如我所定义那样的地狱，其余的人则都提出反对的看法。如果在1913年的情况就已经如此，那今日早就不知道变成什么样子了。我记得在一场讨论到这个主题的传道人聚会中，我很快地发现在场各宗各派的传道人中，只有我和一名天主教神父相信真的有一个叫做"地狱"的地方。

如果教会的传道人都已经不再相信有地狱，我想他们所教导的大多数会众也都不信。如果他们所教导的大多数会众已经不信，应该可以肯定教会以外的绝大多数人也不会相信。现代人为何要远离这个想法？我找到六个主要反对的看法，每一个都非常真诚、非常合理，也合乎逻辑。

第一个比较不合逻辑，有些人反对地狱这个想法纯粹是因为他们在情感的层面上不喜欢这个想法，就只是这样。我无法很认真地看待这一个理由，因为感性很容易影响到我们的信念。如果我们允许自己用感觉来掌控信念，老实说，我们最后可能会躲到丛林或沙漠中去，而且我们的信念也会不断改变。如果我说，因为我不喜欢某个想法，所以我不相信那件事，那么我将不得不去面对生活中的许多事实却视而不见。生活中的许多现实都是不愉快的，多愁善感的人不喜欢去面对它们。这并不是一个真实的理由，却很可能是许多人为什么不愿意认真了解地狱这个想法的原因。

　　接下来我们谈到一个比较严肃的理由，有些人从心理学的层面来反驳地狱这个想法，说它会在心理层面上造成恐惧，而恐惧是一种不健康的动机，所以不应该使用地狱这样的想法。既然地狱会造成恐惧，这样想法也必然是错误的——这是从心理学层面的反对。但事实上，我们也可以说恐惧是非常健康的一件事。如果恐惧变成一种恐惧症，使你无法行动，那就是不健康的，但对交通的恐惧、对火的恐惧和其他的一些恐惧，如果它会使我们产生正确的反应，那就是非常健康的。如果它变成一种恐惧症，让你无法去思考，或造成你的恐慌甚至瘫痪，那就很不健康。这是从心理学层面的反对，而这样的反对造成传道人不愿意提到这个主题，怕会使会众变得神经兮兮或产生精神问题，而不是藉此将他们带到主耶稣面前。

第五章 地狱

第三，社会上对地狱这个想法的反对，说：社会上已经不再相信一个人需要为他做过的错事被惩罚这样的想法，也就是所谓的报应。现代的惩罚只为了两个原因，就是阻止或是改变：不是阻止一个人去做一件事，就是改变他们不去做一件事。很明显地，地狱对这些目的没有任何帮助。因此就社会学的层面来看，如果我们的社会都已经不再相信一个人应该为其所犯的错事被惩罚，神怎么可能会用下地狱这样的方式来处理问题呢？

第四个反对的理由是道德上的反对：地狱是不公平的。这个反对的理由认为，如果人为了在短暂的今生中所犯的错而要永久受罚，所犯的罪和所受的惩罚并不合比例原则，因此这样的惩罚绝对是不公平、不公正的——这是道德上的反对。

第五，哲学上的反对。这种反对的理由是，如果地狱存在，那是神的失败。如果邪恶会永久存在，那是因为全能的神无法将邪恶挪除，所以邪恶才会和神一样永久存在——这是哲学上的反对。

最后，神学上反对的理由，那就是：如果神是慈爱的神，祂怎么可能让任何人下地狱——因为对活着的人做出这样的事一定是因为没有爱的缘故，而这样的辩驳大概也是在教会中最常听到的理由了。

在还没处理这些反对的理由之前，我想先分享一下我所观察到的一些有趣的情形。几乎每一个我们需要去面对的异端和邪教——许多是源自于 19 世纪的美洲，但没有传到英国来——都在攻击和反驳地狱这个想法。耶和华见证人、基督教科学派和精神主义者（Spiritualists）都不相信有地狱。我对于邪教普遍不相信有地狱这件事很感兴趣，因为他们之所以会吸引人的其中一个原因就是，他们不再相信基督徒在过去两千年来一直相信的一些事物。

我想，在今天的教会中，天主教和基督教的福音派是仍然维持传统对地狱的定义的两群人了，大部分的其他宗派都已经不再相信真的有地狱了。但如果我们不相信有地狱，那要用什么来代替它呢？如果这个世界要得着所谓的正义，就必须要有其他的选项，否则整个宇宙就会变成没有正义了。

我观察到大部分其他宗派所相信的选项有三种。第一种选项是一般人所相信的，他们认为地狱是我们加在自己身上的痛苦。简单地说，你自己在这世上创造了自己的地狱。因为地狱是你自己创造出来的，所以你就被困在其中。地狱与神毫无瓜葛。神不会让任何人下地狱，是你自己将自己丢到那里去的，你今生会困在那里，但死后不需要去面对地狱，或是会让你下地狱的神，所有一切都是在今生发生的，而且是你自己创造出来的。所以，你也可以将之解构。许多人老实地对我说，"我相信有地狱，但这个地狱是你自己创造出来的。你因为自己的行为才被困在地狱当中。"这种看法的一个大问题就是，许多应当要住在这样地狱的人并没有住在其中，

第五章 地狱

但许多活在那样地狱中的人并没有做过任何要下地狱的事。这是第一种选项。

相对于第一种选项不相信有死后的生命，第二种选项是相信有死后生命的，但它所相信的是在遥远的未来，神会拯救所有的人。在没有拥抱传统看法的教会中，这应该是最常见的观点。这种相信神有朝一日会拯救所有人来归于自己的观点便称为"普救主义（universalism）"。其看法就是神会在今生或来世找到一种方法，将所有人都带到祂那里去。关于这个观点，我认为最大的问题就是人的自由意志。因为如果人可以自行决定接受或拒绝，神却限制他们的自由，并强迫所有人都要上天堂，那么神就没有将他们当人类来对待了——这是我对于这个观点的问题。这是第二种选项的看法。

第三种选项，虽然在很久之前就已经有人提出来，但这种观点比较经过深思熟虑，它被称为"有条件的不朽（conditional immortality）"或者"毁灭（annihilation）"，指的是恶人会被完全消灭，只有义人会永远存活。恶人会彻底消失。其看法就是在大审判之后的某个时间点，好人会继续存活下去，但恶人将会灰飞烟灭，不再存在。

但老实说，这会大大地降低惩罚的意义。恶人充其量就是在他们消失之前被审判官教训一下。果真如此，根据我自己的想法，我认为灭绝（extinction）根本就不算是惩罚，甚至大部分人都比较会想要选择灭绝。的确，曾经有人当着我的面说，"我宁可灭绝也比上天堂好。一想到要和神及祂的百姓永远同在一起就觉得恐怖。"因此如果将来的结局是灭绝的话，它不能算是惩罚。

这是从知性的角度来看的观点，我们谈到了反对的理由和其他可能的选项。那我们该如何回应呢？就基督徒而言——对于非基督徒而言并非如此——答案当然就是去看看圣经到底是怎么说的。因为如果是神话语所说的，神当然更加了解这种情况，所以我们首先必须要问，"神怎么说？"此外，我们也需要严谨地研读圣经，特别是过去有一些地狱火传道人（hellfire preachers；译注：泛指集中分享关于来世的痛苦折磨，并以此来邀人信主的传道人。）会特别着重和夸大地狱的情况，但不管这种形容有多么骇人听闻或（以一种近乎虐待的方式）吸引人，我们都需要自我警惕不要去传讲或相信圣经上没有说过的内容。反过来说，我们必须仔细地去了解圣经到底是怎么说的。

让我们先来看一下圣经的看法。很多人第一个会惊讶的就是：旧约中几乎没有提到关于地狱的事。这真的是令人震惊，因为许多人会说，旧约是圣经比较严厉的部分。在旧约中，神被描写成一位惩罚人的神，祂要你得到应得的惩罚。很多人都会认为旧约是在描写神是那位惩罚的神，而新约则是在描写神是那位饶恕的神。

老实说，我无法由旧约圣经中去建构关于地狱的教导，因为旧约几乎没有说到地狱。虽然在整本旧约圣经中有许多关于阴间（Sheol 或 Hades）、亡灵的世界、阴

第五章 地狱

阳交界（the in-between）的教导，却几乎没有任何关于地狱的教导。所以当我们想要了解圣经关于地狱的教导时，我们就必须要从新约来找。

当我们看到新约圣经时，我们会发现另一件令人惊讶的事。我们会发现在使徒的书信中几乎没有提到关于地狱的内容。那些认为是保罗在耶稣美好的宗教中加入犹太人的严规，因而认定保罗有罪的人会在这个主题上发现他们真的不知道该要说些什么才好。那些认为保罗喜欢在讲道中把人吊在地狱洞口的人会发现事实并非如此。果真如此，那我们对于地狱的看法是从哪里来的呢？答案很简单：来自耶稣口中。

如果把耶稣关于地狱的教导删除，我们几乎无法架构对于地狱的认识。为什么会这样呢？我想答案很简单：神希望我们亲自从祂儿子的口中听到这件事。这仿佛是因为关于地狱的教导实在是太恐怖、太深奥，以至于神无法委托其他人来教导。这也仿佛是祂想要告诉我们，"我希望告诉你们关于地狱这件事的人是比任何人都更加善良、更加慈爱，也更加怜悯的。因为若不是由祂来告诉你们，我不确定你们是否会愿意相信。"

想象一下，在圣经中，如果耶稣完全没有过提到地狱，而只有耶利米和保罗在教导。你能想象会变成什么样的状况吗？人们会怎么说这件事呢？人们会说，"你知道吗？我所信的是耶稣的宗教，这些人因着他们狭隘的心胸、固执的个性，而将之完全扭曲。"但事实上是这位慈爱、善良、怜悯的救主来和我们分享这个主题。当我在预备这一章的内容时，我所能找到的绝大部分参考资料都是来自前三本的福音书（马太福音、马可福音和路加福音）。

我想要带大家来看一两段耶稣所说的话。对基督徒来说，这个关键的因素和哲学、道德或心理学无关，也与属人的论点无关；而是当耶稣说，"若是没有，我就早已告诉你们了"时，祂是不是真理？我们是否相信耶稣所说的？祂是不是我们心思意念的主？当我在怀疑福音书中的一些事实时，有人曾经这样告诉过我，他所说的话使我终生不忘："如果耶稣是你的主，不管你自己的心思意念是否认为这是正确的，你都必须去接受祂所说的是正确的；如果你仅能接受你心思意念认为是正确的事物，那么你才是主，而不是耶稣。"

如果在圣经中，我只接受我的心思意念所认同的事物，那么我就是在让自己成为圣经的主，这也正是我在研究这个主题时发现的关键因素，因此我必须坦承地为自己的心思意念、性情和天性无法接受地狱来悔改。耶稣必须成为我心思意念的主，否则我无法把它当做真理来教导。我必须相信祂的心思意念比我的心思意念更有逻辑，也比我的心思意念更加能够看见真理。你可以将此称为"心理自杀（mental suicide）"，或称之为顺服，但我相信要进到真理的惟一方式就是顺服于那位说"我就是真理"的主之下。

第五章 地狱

所以祂到底说了些什么呢？我会以主耶稣所说过的两三段话来建构我所要分享的内容。还有更多主说过的话是我们可以分享的，但可能整体的内容会太多。这是祂所说的第一段话："那杀身体不能杀灵魂的，不要怕他们；惟有能把身体和灵魂都灭在地狱里的，正要怕祂。"这是来自我们的救主、来自主耶稣非常白话的教导。我们要倒着来看这段话。

先来看"地狱"这个词。事实上，如果你知道的话，主所用的字并不是盎格鲁-撒克逊语中的"地狱（hell）"这个词，而是"Gehenna"这个字。如果你曾到过圣地，那你可能曾到过这个地方。我自己就曾去那里走过。"Gehenna（Valley of Ben Hinnom；欣嫩子谷）"是一条环绕着耶路撒冷城两侧的幽暗深谷，底部有一个地方是终年都照不到阳光、总是被阴影所笼罩的。

这条阴暗的山谷曾经是以色列诸王的避暑之地。后来成为一个艺文区，然后又变成一个异教崇拜的邱坛林立之处，黑魔术和密教活动充斥期间。最后整个地方都被玷污，成为在神的城的视线范围内、一个人们杀害自己的孩子来过火敬拜异教之神的地方。

一位八岁便登基的属神少年国王约西亚，看到在那里发生的恶事，便将其污秽，并命令所有人不得继续居住在那里。他阻止了那些可憎恶的事继续发生，并将之称为"陀斐特（Topheth）"，也就是唾弃之谷（Valley of Spitting）的意思。从那天开始，那里便成了耶路撒冷的垃圾堆，所有的废弃物都被丢到城外的深谷之中，因而在那里发生了两件事：遍满虫蛆在寻找可吃之物，以及有不断燃烧的火将残余的物品烧毁。

在主耶稣的时代，罪犯被处死之后，尸体会被扔到那个山谷之中。若非亚利马太的约瑟介入，主耶稣的尸体也会被丢到那里去。此外，犹大便是在那个山谷的深处自缢，往自己的地方去的。所以当主耶稣提到地狱时，祂总是使用"Gehenna（欣嫩子谷）"这个字，因为那是个垃圾堆，是个焚烧的地方，是个遍满虫蛆的地方，是个与罪恶相关联的地方——一幅活生生地狱的景象。

而在那之前的一个词是"身体和灵魂"。很清楚地，主所指的是在复活后，当身体和灵魂再次结合之后会发生的一些事。祂像是在说，虽然人可以杀死你的身体，但你不需要为此感到害怕，因为就算他们如此做，那也不是可能发生在你身上最糟糕的事。你可能想到有些人在说话时，会让你感觉这已经是最糟糕的事了。但有人杀死你的身体还不是可能发生在你身上最糟糕的事；在身体和灵魂再次结合之后，还可能会发生更糟糕的事。所以，主所说的话很清楚是指着最终的未来会发生的事。

我们也需要来看看"灭"这个字。乍看之下，它好像是"使灭绝、毁灭、全然抹去"的意思，但我想要让你知道，在学者们仔细研究之后，他们一致认为这个字不必然是上面所说的意思，而是用来形容东西被毁坏、浪费，因而变成无用，甚至遗失。比如在失羊的比喻当

第五章 地狱

中的"失"羊，或是在新酒装入旧皮袋后，连皮袋也"坏"了。这个字也用在一个女人把香膏浇在耶稣头上时，犹大认为是"枉费"了。

当你研究"灭（destroy）"和"坏（perish）"时，它们在圣经中的意思就是：变得毫无用处、被枉费、被毁坏。这也是我们今日使用"坏（perish）"这个字时经常代表的意思。比如你说一个热水壶"坏"了，那代表什么意思呢？是表示热水壶不再存在了吗？不是的。你的意思是热水壶已经坏掉、毁坏，现在已经无法继续照着它原本被制造的用途来使用。当热水壶到了这个阶段，你会怎么来处理它呢？答案很清楚：把它丢到垃圾桶去。当一个东西坏了的时候，你就无法再拿它来做任何事了——什么都不能做了。

如果东西只是损坏了，那问题不大，你可以将之修复。但如果东西毁坏了就无法继续使用，你就只好将之丢弃。耶路撒冷城外的欣嫩子谷就堆满了毁坏的东西。我相信耶稣有能力修复破碎的生命，但祂感到最可悲的并不是破碎的生命，而是毁坏的生命。圣经中最美好的一段应许说到"神爱世人，甚至将祂的独生子赐给他们，叫一切信祂的不致坏掉、毁坏，变成神和人都无法再继续使用的样式，反得永生。"——这才是真正的选项。

注意在"惟有能把身体和灵魂都灭在地狱里的，正要怕祂"的这段经文中的"祂"。这个"祂"指的是谁呢？有人认为这里指的是魔鬼，但魔鬼是要被灭掉的，所以这里的"祂"所指的应该是神。地狱不是我们为自己创造出来的一个地方,而是神做成的。圣经对这一点说的非常清楚:是神做成的,而不是我们自己。

我们继续往前看,下一个字是"怕"。如果地狱会造成心理上不好的恐惧,那为什么耶稣告诉我们要去"怕"呢?如果谈到地狱可能会有造成各式各样心理问题的风险,那为什么耶稣要这么做呢?祂说,"正要怕祂"。

到目前为止,我只分享了一段主耶稣所说的话。虽然就只这么一段,其实也是够的,但祂所说的不止这一段,所以我们要很快地看看其他的部分。在马可福音第九章中,祂提到那些被丢到地狱中的人说,"在那里,虫是不死的,火是不灭的。"祂在此提到的这个地上的山谷,当时的虫现在已经死了,火今日也已经熄灭了。虽然我去到那个山谷的那一天,刚好有人在谷底烧垃圾——我还有当时的照片。

当时的虫现在已经死了,火也已经熄灭了。耶稣在此特别说到,祂所说的那个地方,虫是不死的,火是不灭的。如果人不再存在的话,这些虫和火继续在那里不死不灭又有什么用呢?我发现这完全说不通。我注意到主耶稣说,"虫是不死的"和"火是不灭的"。我不知道祂所说的是哪一种虫或哪一种火。你可以说这是一种比喻,但我们还是需要知道这个比喻背后的真实意义。有人说这些虫就是在不断蚕食我们良知和记忆的虫。虽然人们可以按其想法去解释,但这不会消除这个现实的恐怖之处。

第五章 地狱

绵羊和山羊的比喻也是一则非常有名的故事，许多教会在基督徒救助周（Christian Aid Week）开始前的主日都会引用这段经文来分享。但我认为很多人对于这则故事有所误解，以为对其他人行善可以让我们不下地狱，但这并不是这个比喻所要传达的信息。在这个比喻的最后提到山羊时说，"你们这被咒诅的人，离开我，进入那为魔鬼和它的使者所预备的永火里去！"以及"这些人要往永刑里去，那些义人要往永生里去。"

上次我在某个教会听到有传道人在分享这段经文时，他读到这一节之前就停了下来，但这一节也是整个故事中的一部分。有人说这里的"永（eternal）"刑不可能真的代表永无穷尽；但这些人很难去辩驳的是，如果新约圣经每次提到"永（eternal）"生时，所说的的确是永无穷尽，那我们就不可能为这两者各自取一个不同定义。如果地狱是暂时的，那么天堂也必须是暂时的。一个字被用在一句话的两个不同的地方，却代表了不同的意思，这是解释不通的。

耶稣还说了其他的话，例如"哀哭切齿"和"外边的黑暗"。我听说在北极地区的冬天最难受的并不是寒冷，而是没有光——也就是耶稣所说的黑暗。最后，我再引用一节经文。耶稣对批评祂的人说，"你们要看见亚伯拉罕、以撒、雅各和众先知都在神的国里，你们却被赶到外面。"

耶稣很清楚地提到，你可以由地狱看到天堂，却无法由天堂看到地狱。事实上，欣嫩子谷的实际状况就是如此，你可以从欣嫩子谷中看到整个大卫城，但去逛过大卫城各处的游客回到英国后却说从未看过欣嫩子谷。我曾和许多参加过圣地旅游的人聊过，他们认为自己已经把该看的地方都看过了，但却从未看过欣嫩子谷的谷底，哪怕谷底的位置离他们前去观光的景点可能相距不到一公里。这就是耶稣所提被赶到外面的画面。

这是一幅非常可怕的画面。新约的其他部分也说到同样的情况，但我们无法在此更加详细地解说，我只能引用保罗书信的其中一处，他提到对那些不认识神和不听从我主耶稣福音的人，他们要受刑罚，就是永远沉沦。在启示录中说到，他们必昼夜受痛苦，直到永永远远。另外又提到烧着硫磺的火湖。那么，让我们来看看，相对于圣经所提到的情况，人们对于地狱又有怎样的看法呢？

自我受苦（self-imposed suffering；译注：认为地狱是自己造成的痛苦环境，和神没有关系）：这和耶稣所说的地狱没有任何关联。地狱是在来世，而非今生。地狱是神所预备的，而不是我们自己创造的。

普世恢复说（universal restoration；译注：这个学说相信神最后会使所有人都上天堂，所以地狱并不存在）：根据主耶稣在登山宝训、祂所说的比喻和祂直接的教导中，我认为这种有一天全人类都会上天堂的说法是完全不可信的，因为地狱不只是一种可能性或概率，而是毋庸置疑的。魔鬼和它的天使最终都会在那里，而所有接受它领导的人也会加入它们当中。

第五章 地狱

有条件的不朽（conditional immortality；译注：这个学说相信人若没有得救信主，在死后就会灭亡，而不是在地狱经历永远的折磨，所以地狱并不存在）：我要在这里老实地说，我认为根据圣经中所提出的看法，在经历了极大的灾难之后，的确有可能会发生毁灭，但那会是在经历了地狱的痛苦之后。但我也必须诚实地说，并非所有圣经中提到的看法都可以用这样的观点来解释。因此虽然以自己的本性或人的角度来看，我并不喜欢传统上对于地狱的看法，但我最终的立场就是接受耶稣对于地狱的教导，而这也是过去两千多年来基督徒所相信的。

面对这个可怕的事实，我们有一个很简单的选择：我们是接受心理学家、哲学家、道德伦理教师、感性的人的看法，反对地狱的存在；或者我们接受耶稣，相信祂比我们任何人都更认识天父的爱，并且因为祂已经在自己的生命中活出这样的信任，所以祂打从心里知道地狱的存在是一个真理。这就是我们所要做的选择。有一天，我将自己的理性降服在主面前说，"耶稣，你不单单只是我的救主，也是我生命的主。这个意思就是说，我将我的想法连同其他所有的一切全都降服在你的指令之下。"这就是为何我今日可以相信地狱的真正原因，不是因为我喜欢这个看法——我相信你也有同样的感受——而是因为我相信这是真理。

那么，我们来谈谈实际应用的部分。地狱只是一个学术问题吗？它只是用来写书用的吗？它只是一个信念,让你可以说,"你信,但我不信,所以我们只要继续当好基督徒就可以了吗?"答案是,如果地狱是真的,那么它第一个会影响到的就是未信者。如果你去研读一些传道人,像是卫斯理(Wesley)和司布真(Charles H. Spurgeon)的生平,你会发现他们毫不犹豫地去邀请人来信耶稣,好救他们脱离地狱,因为地狱是真实存在的。正因为他们不愿意任何人下地狱,因此他们才更加热心地去传讲这个信息。

那我们来看看一个实际的问题。什么会让一个人下地狱呢?我发现大多数人都相信过世的人是好人(从他们说话的方式里可以看见),并相信只有像希特勒、尼禄或其他一两个那样的人才会下地狱。那么,什么会让一个人下地狱呢?根据英国的谚语,善意(good intentions)会使人下地狱。

这句谚语说,通往地狱的道路充满了善意(the road to hell is paved with good intentions)。什么样的善意呢?像是这样的善意:"总有一天我会成为基督徒";"等我完成房子的装潢,我就开始去教会";"等我有多一点时间的时候,我就会开始读圣经"。就是这样的善意铺成了通往地狱的道路。亚瑟·毕尔逊(A. T. Pierson)博士是一位伟大的美国牧师,他曾说到在他的会众当中有一位法官,他的妻子是基督徒,但他不是。

有一天,这位法官坐在教会的椅子上,感受到神的催促,知道他必须做一个决定。他感受到神离他非常地

第五章 地狱

近，他当时已经预备好要当场接受耶稣。但这位法官要在接下来的那个星期通过一项法案，他的未来决定在于这个法案是否能够通过。然而在他内心深处，他知道这是一项基督徒不应该支持的法案。这位法官当时就这样处于人生的一个十字路口。要么就是让法案通过，他可以飞黄腾达；要么就是他接受耶稣。你知道他那个星期天做了怎样的选择吗？他决定等法案通过了再成为基督徒，但这件事却没有发生。20年之后，在他过世时，他与主耶稣的距离仍然和20年前一样。他有那个意图，但因为发生危难，他就拒绝了这个机会。

通往地狱的道路就是充满了那样的善意。如果神突然对你说话，而且你也有感动要跪下来祷告说，"主耶稣，我知道我应该下地狱，我知道除非是你为我做些什么，否则我就得要下地狱。因此我求你来拯救我。"那我恳求你照着感动去做。

根据圣经，有些事会将一个人拖下地狱：忌恨、嫉妒、恼怒、醉酒、污秽的言语、假善、胆怯、贪婪、说谎、淫乱。根据新约圣经，这个清单上的每一件事都能够将一个人拖下地狱，这也就是为什么耶稣会说，"若是右手叫你跌倒，就砍下来丢掉！宁可失去百体中的一体，不叫全身下入地狱。"

耶稣不是真叫我们那样去做。而是在一般的情况下，你砍下一只手，还会有另外一只；如果你将一眼剜出来，还有另一眼。他要说的是，如果你用眼在看、用手

死后的生命

在做的任何事,或是你要去的任何地方,会使你下地狱的话,就要果决地把它砍断。宁可过比较受限的生活,也不要因为做了这些事而下地狱。

我下一个要来说的字是"如何"。人要如何才能逃离地狱?答案非常简单,在十字架上,地狱变得最为真实。我认为不相信地狱的人是因为他们没有真正认识十字架。十字架的两个面向告诉我说:首先,有什么样的必要,让耶稣必须受死,神才能饶恕我?有什么样恐怖的事物,让耶稣的宝血成为惟一能够拯救我的赎价?这个答案就是地狱,地狱就是那个必要。

第二个问题是,耶稣为我承受了怎样可怕的经历?答案是祂经历了地狱。如果你想知道地狱是什么样子的,就来听听神儿子的呼求,"我的神!我的神!你在哪里呢?为何会如此黑暗?你为什么要离弃我?为何在此空无一物,完全感受不到你的同在呢?"这是祂在永生当中第一次有这样的感觉。这就是地狱的样子,而祂经历这一切只为了要来拯救我们。十字架就是神对罪人的爱和祂如何痛恨罪恶的最大明证。

有一首由查尔斯·卫斯理(Charles Wesley)所写的诗歌可以做一个完美的总结。诗歌是这样唱的:

"祂为爱受死,我们因此而活。祂是爱,祂爱了我们,我们却一无所知。但我们知道,祂如此爱我们,放下生命救赎我们脱离地狱。(Love moved him to die and on this we rely, he hath loved, he hath loved us. We cannot tell why, but this we can tell, he hath loved us so well as to lay down his life to redeem us from hell.)"

这一段诗歌真的是很奇妙。我想要问你，如果你不相信有地狱，那为什么耶稣需要为你去经历地狱？如果你不相信会有这种可怕的可能性，为什么祂需要受死？如果没有地狱，就不可能会有答案。

我的最后忠告是非常实际的，而且是要对基督徒来说的。如果我所说的是正确的话，那么基督徒的首要任务就是去为基督赢得灵魂。无论我们为他人做了什么，这都必须是我们最主要的任务。在过去几十年间，最令人不安的其中一件事便是对于拯救灵魂的兴趣下降，对于喂养基督身体的热情却不断高涨。我希望很小心地来表达这件事，因为我们在基督徒救助周中去为挨饿的肢体募款和奉献，是非常正确的，而且是我们应该去做的。

看到有人处于饥饿之中却什么都不做的人不是基督徒，但宣教团体在募款去拯救灵魂的事上却正遭遇极大的困难。在19世纪时，英国的基督徒投入大量的人力和金钱去到全世界宣扬福音。那是英国有史以来最大的输出。但他们为什么要这样去做呢？因为他们相信他们所做的是在救人脱离地狱。

上个世纪时，相信有地狱存在的人大幅减少。我们不是说当宣教士被差派出去时应该忽略对于身体和心思意念上的服事——因此他们会去修建医院和学校，但他们的目标应该以拯救灵魂这件事为优先。就算我们能在一个人在世时，每天都给他足够的食物，但除非他的灵魂得着拯救，我们不算是真正地帮到他。我只希望身为基督徒，我们在举办的活动上能够有所平衡。世人可以奉献给基督徒救助周的活动，世人可以为了喂养挨饿的人而奉献，但只有基督徒期盼灵魂可以得拯救。我们是这个失丧的世界中惟一可以去做这件事的一群人，而我们对于宣教的兴趣和我们是否相信我在本章中所写到的内容是有直接关联的。

虽然我们应当帮助在身体上受苦的人，也应该奉献来使人的心智得着喂养，但如果我们真的相信我所说的，那么这对基督徒会产生的影响就是，我们会将自己的优先次序摆对，使传福音成为我们这一生主要的活动，也让宣教成为我们奉献首要的出口。这是非常务实、脚踏实地的一件事。

第六章
更多问题

阅读马可福音 12 章 13-34 节

我将透过回答我所收到的一些问题来作为本章的开始。第一个问题是一个我无法回答,也没有任何人可以回答的问题,却是一个非常简单的问题:

"地狱在哪里?"

我曾经听到人家回答这个问题时说:地狱就是天堂以外的所有地方。其实这个定义并不差,如果你仔细想想,这当中的道理是很深的。如我们在前面的章节中所提到的,下地狱就是去到天堂以外的地方,不在神的里面。当耶稣说"你们却被赶到外面"时,我仿佛看到一个人站在寒冷的黑暗街道上,透过窗户看到其他人在光亮的房子里面开着派对。这是我由主耶稣的教导中感受到的画面,所以我会说地狱就是天堂以外的所有地方。

如果有人想要在宇宙的地图上找出地狱的位置,答案是"没办法"。但同样地,我也无法找出天堂的位置。原因很简单,当有人问耶稣说,"你可以帮我们在地图上将天堂标出来吗？你可以告诉我们天堂在哪里吗？这样我们就可以去到那里了。"耶稣回答说，"你不用知道天堂在哪里，因为我会带你去。"同样地，我也会说你不需要知道地狱在哪里，因为神会把该要去到那里的人送去。事实上，我们无法在宇宙中找到地狱所在的位置。我们知道天堂和地狱都已经预备好了，但我无法回答它们实际所在的位置。

"对那些在主里已经死了的人来说，时间还有意义吗？"

从某个角度来看，时间像是有弹性一般，有时岁月如梭，有时则度日如年。有时20分钟的讲道感觉像是一个小时；有时一个小时的讲道却像只过了20分钟，尽管这种情况并不常见。在某个程度上，这取决于你所在的位置，但我确实相信在永生当中，时间仍然存在。在启示录中的一段经文经常会误导许多人："不再有时日了（there should be time no longer）"。但这句经文的意思是，神已经要进行下一步了。祂对于接下来要做的事已经不再耽延了。

这并不代表在永生当中没有时间。事实上，圣经对于永生的想法就是永无穷尽的时间。我们要有意识就必须要有时间，因为有意识代表了我们能够感知到现在、过去和未来所发生的事。这就是时间的流逝。如果没有办法意识到时间的流动，我们就无法拥有意识。时间从不逆流，它永远都是从过去到现在到未来的，所以神是时间之神。但与其说神在时间里面，我反倒认为时间在神里面；然而圣经总是告诉我们神是时间之神，祂拥有永恒的时间。祂是那位昔在、今在、以后永在的神——永远都是这个顺序，绝对不会倒过来。话说回来，神对时间的感受和我们的感受大不相同，不是因为对神而言时间不存在，而是祂视千年如一日，一日如千年。圣经从未说过时间对神没有意义，而是说神对时间的感受和我们不同。因此我认为，当我们在天堂得着神的荣耀之后，我们对时间的感受将不会再和从前一样。

至于那些在主里已经死了的人，我猜提问的人应该是想问那些已经死了，正等待着复活的人。时间对他们而言会有什么意义吗？我记得我曾经分享到，我相信他们是有意识地与主同在一起，因此时间对他们是有意义的。但我怀疑时间对于他们的意义和对于我们的意义是否相同？我认为当他们处在死亡与复活之间的间隔时，时间的流动会是飞快的，因为他们在那里将会是好的无比。而当你和所爱之人在一起时，时间的流动通常都比在其他情况下来得更快。虽然这只是我的猜想，但我认为时间对他们是有意义的，因为他们与主在一起，时间将会过得非常快，直到我们加入他们。

"天堂会有什么样的奖赏？"

天堂会有各式各样的奖赏。有一些是看得到的奖赏，有些人能配戴某种冠冕，有些人则会因为他们为主所做的事而得着某些可以被看见的记号；举例来说，经文上应许殉道者会得着冠冕，那些为了信仰被杀的人也会被尊荣，并且会在天上得到认可。因他们为主被杀，他们将会得着奖赏。如果你仔细地研读圣经，也可以将其他的冠冕列出。举例来说，面对各样的危难困苦却仍然持守信仰的人，他们会得到冠冕。对于在地上愿意回应神的恩典成为圣洁的人，也会有冠冕为他们存留。

对于特别的责任和职位也会有不同的奖赏。这并不是在说我们每个人得救和蒙恩上天堂会有所不同，但每个人确实会有不同的责任。在地上信实的人，将来在天上也会被赋予相对较大的责任，这就如同在地上的公司里面，如果你在基层单位的表现优良，就会被晋升。这样的奖赏是要赏赐给那些信实的人，特别是在那些只有主看得见的工作上信实回应的人。对于你在隐密处为神所做的事，似乎也会有特别的奖赏。耶稣总是说，"（要）行在暗中，你父在暗中察看，必在明处报答你。"我们基督徒生活的真实测验就是，我们有多愿意在私底下的生活中努力去工作。可以确定的是，我们将来在天上会得着许多的惊喜。一些在地上没有被注意到的人会因着他们私底下为神所做的事而得到非常大的奖赏。神会在明处奖赏他们。

如果有人敢说奖赏是不道德的，那他们是在主耶稣面前耍小聪明。如果奖赏是错的，那耶稣就不应该给我们奖赏。但你会一次又一次地发现，当你遭受逼迫时，反而是有福的。你会和先知及殉道者划上等号，而你在天上的奖赏将会是大的。神经常使用这样的方式来激励我们，而基督徒就是那些将来要在天上得着奖赏的人。另外，也会有许多奖赏是我们现在还不知道的。

"想一想那些生下来就因为沙利度胺（thalidomide；译注：20世纪60年代一种号称没有任何副作用的抗妊娠反应药物，却造成胎儿极为严重的畸形）而没有四肢的孩子，肉体的复活是否意味着他们属天的身体也会有一样的缺陷？"

耶稣在祂复活的身体上仍然保有祂被钉十字架的钉痕。主耶稣的钉痕在祂身体复活之后仍然会继续存在，这是千真万确的。钉痕的目的是为了识别和尊荣。事实上，我希望它们可以永远留在那里，因为这些钉痕对我们有着特别的意义。而我相信当祂再来之时，这些钉痕仍然会在那里，好让我们可以看见为我们被钉十字架的那一位。

保罗在服事神的过程中也得到一些记号，他提到自己的身上带着耶稣的印记——身为基督徒而被石头丢和鞭打所留下的记号、鞭痕和伤疤。我相信（但这只是我自己的看法）这些服事时留下的印记到时候仍会存在，但不会有疼痛、残障或不舒服，它们是尊荣的印记。事实上，因为这些伤疤是在服事神的过程中得到的，它们会成为尊荣的伤疤。它们的存在和耶稣手上的钉痕属于同一个等级，但我也相信——如同我在访问麦特时所指出的——我们复活的身体将会是一具完全的身体。我真实相信，我们在地上肉体上的那些不是因为我们自己的过错而造成的残障，不会继续存留在新的身体上。我们将可以清楚地看见和听见，身体的功能也会是完全的，所以问题当中所提到的那种缺陷，我相信是不会留下来的。

"哥林多前书15章29节问到，'若死人总不复活，因何为他们受洗呢？若不是因为死人有一天会复活，为何要如此行呢？' 这是什么意思呢？"

我相信保罗所指的并不是基督徒的习俗，而是异教的习俗。如同主耶稣，他举异教徒的习俗来让基督徒看见他们比基督徒还要更有信心的例子。保罗试着帮助基督徒了解，和这些异教徒为死人受洗（以防他们在过世时还未受洗）的习惯相比，异教徒们所展现的信心比基督徒对于未来的信心还要更大。这就是为何保罗会尽量小心不去说，"当你为死人受洗，这就是你的意思"，或"这不是我们的意思"。而是说，"这就是他们的意思"。因此我们可以从这几节的经文看到保罗所针对的是异教徒的世界观，以及他们对于死亡和复活的态度。因而他说，"若非他们对未来有信心，就不会去做他们在做的事；但你们却否认死人将要复活的事，你们的信心应该至少和那些异教徒一样大才对。"

第六章 更多问题

"婴幼儿死后会怎样呢?"

我不知道答案是什么,圣经也没有说。世人有各式各样的猜测,基督徒也提出各式各样的回答。有人说幼儿死后全都会下地狱;有人则说如果他们已经受洗,就不会下地狱,而是会去到"婴儿界"。有些人说未受洗的婴儿才会去到"婴儿界",受过洗的婴儿则会上天堂。各式各样的看法都有。也有些人说所有的婴儿都会上天堂,因为他们还没犯过罪,是无辜的;另一些人则说所有的婴儿都会上天堂,虽然他们带有原罪,但耶稣的宝血已经遮盖他们了。

但这些都是猜测。我惟一能说的就是:我很确定,在这些婴幼儿死后,无论神怎么做,祂所做的都将是正确的。我认识神,所以我可以信任祂所做的一切。如果我的孩子死了,我会对神说,"因为某个只有你知道的原因,你允许这样的事发生。我愿意将我的孩子交在你手上去做你认为正确的事。我知道当我有一天知道你做了什么时,我会说那是完全正确的。"如果你相信神是良善的,你就应该要完全地信任祂。但我认为与其做出没有圣经根据的猜测,不如安息在祂里面,因为各样的臆测最终都无法带给你需要的安慰。

死后的生命

"在你和麦特斯先生的对话中,你给我的印象就是基督徒是不可能会自杀的,对吗?"

答案是基督徒是有可能会自杀的。在高压和愤怒的状况下,我们每一个人都可能会做出那样的事,甚至在我们当中可能有许多人经常都会有那种念头出现在脑海中。但我认为基督徒之所以比其他人都还要有理由不去做那样的事的原因是,这其实是在抢夺神——和我们自己——为了祂的荣耀而赏赐给我们的东西。基督徒知道这样做对于问题的解决没有任何帮助,甚至在基督再来之时,还会使我们在祂面前抱愧蒙羞。"为何你要夺走我所赏赐给你为了我的荣耀来使用的生命呢?"因此基督徒有许多许多理由不去做这样的事。

此外,拥有正确团契关系的基督徒,早在走到这个地步之前,就会去和其他基督徒分享这样的重担,并找到可以帮助他们面对这些困扰的人。基督徒有可能会自杀,但就统计上而言,我认为相对是比较不常见的。事实上,主耶稣会用祂独特的方式赏赐我们恩典和勇气来面对我们觉得无法承受的事物。但我不希望让人家认为基督徒不可能会自杀,我想要向提问者和其他所有的人说,早在达到那个地步之前,我们就应该转向主耶稣和其他基督徒寻求帮助。如你所知,"撒玛利亚人"事工就是专门在协助那些觉得问题没有解答而自杀是惟一出路的人。

第六章 更多问题

"在天上是不是就没有家庭了？"

答案是，只会有一个家庭。地上的家庭圈不会是天上的家庭圈。这就是主耶稣对撒都该人所说的话的意思。他们问主耶稣说，谁会是那个丈夫？他们认为那会变成一个很荒谬的家庭，有着七个丈夫、一个妻子以及吵不完的架，这就是他们想表达的意思。他们想要绊倒主耶稣，因为他们不相信人会复活和上天堂，所以他们就想要让人觉得天堂是个很荒谬的想法。不相信死后的生命的人会想要让人觉得天堂很荒谬，但事实上，耶稣说得很清楚，地上的家庭圈只适用于今生。

最近有人问我说，"如果我的家人都在地狱，那我在天堂怎么快乐得起来呢？"但事实是，你所有的家人都会在天堂。到那时，你所会拥有的惟一一个家庭以及你们的属灵关系就是你在天堂的家庭关系。当我们还在地上时，我们会对自己的家人有着很强的责任感，我们甚至可能是惟一能够帮助他们的人。因此当我们还在地上时，就应该和我们所有地上的家人保持联系；但我们在天上只会有一个家庭。在天堂，我和我现在的妻子将成为兄弟姊妹，所有人也都会是我们的兄弟姊妹；一个家庭、一位长兄——耶稣基督，以及一位天父。那是我们将会拥有的关系。

我发现当自己开始这样去想时，哪怕是在地上，我和我的属灵家人就会愈来愈亲近，甚至比地上的家人还要亲。当我听到有人说，他们很期待能够去到天堂，因为他们将可以在那里遇到他们的丈夫、妻子或所爱的家人，而不是期盼可以遇到耶稣时，我会觉得有一点生气。我认为我们需要更多在恩典中成长，直到我们可以了解耶稣才是我们真正想要遇见的那一位，而不是其他人。我们将会在祂的里面遇见所爱的人以及所有天上的弟兄姊妹——我们是一个家庭。

"门徒很明显是抱持着现代对于轮回的流行看法；否则的话，他们就不会问说，一个人生来是瞎眼的，是因为他自己的罪。为什么耶稣不直接了当地否定这个看法，就像祂否定其他错误的教导——例如撒都该人不相信有复活——一样呢？"

我不确定这个问题是引用自圣经的哪一个部分。如果是在说约翰福音中那个生来就瞎眼的人，耶稣的确直接否定了他们错误的假设，但我不认为他们所做的错误假设和轮回有关。他们所问的问题是，这个人眼瞎是因为他自己的罪，还是因为他父母的罪。当然，瞎眼是中东地区常见的眼疾，引起的原因通常和卫生不良有关，但同样也有可能是因为父母亲所犯的罪产生疾病而引起，虽然这样的情况比较少在英国发生。

门徒所问的是，罪对另一代人所产生的影响，而不是关于轮回的事。我还没听过有"门徒相信轮回"这样的看法。当然，当时有一个流行的看法，就是当耶稣对门徒们说，"人说我是谁？"时，他们回答说，"有人认

第六章 更多问题

为你是以利亚转世；有人认为你是施洗约翰"。这里所提到的就是轮回的概念了，但这个问题的正解应该是降生（incarnation）。所以耶稣直截了当地否定这个人的眼瞎是因为罪的缘故这一假设。祂在否定了这样的假设后，又教导门徒们该如何从另一个角度来看这件事。

"启示录20章14节中的'第二次的死'是什么意思？"

"第二次的死"就是灵魂和身体死亡的意思。我们需要了解到，在圣经中，死亡并不意味着消失、毁灭或灭绝。它的意思就是你会处在一个不再继续与赐予你生命的事物相互连结的情况。当肉体死亡时，那个人并不会因此不再存在，而是身体不再继续与赐予肉体生命的事物相互连结——不仅仅是呼吸，也包括所有和生命相关的事物及可能性。一个人在死亡当下就不再继续与赐予他们地上生命的事物相互连结。第二次的死则是一个人不再继续与赐予天上生命的事物相互连结。这是一种体验，是一种比第一次的死更加痛苦和恐怖的体验，也是每一个拒绝基督福音的人将要面对的体验。我想要告诉你一个和刚才那个问题相关的脑筋急转弯。"如果一个人出生两次，那他就只会死一次；如果他只出生一次，那他就会死两次。"这就是福音关于这方面教导的总结。

"灵魂在地狱里会做些什么呢？"

我无法告诉你详情。我想你应该可以说他们是在受苦，但很清楚地，这样的受苦包含心理上的悔恨和对于失去的机会的记忆。这是主耶稣的教导,但我不认为我可以就这个部分分享更多的内容了。

"一旦下地狱,灵魂还能离开吗?"

就我自己对圣经的理解,答案是没办法的。

"神让在地狱里的人活着的目的是什么呢?"

基本的目的就是报应、正义和惩罚。

如果我们否定报应,并认为惩罚的想法是错误的,那我们对此会很容易被冒犯。当然,我知道这个问题本身是有争议的,也不觉得这是个容易回答的问题,但地狱的确有其目的。这个目的不是为要感化他们,因为他们早已超过可以被改变的时机;也不是要去威吓他们,因为到那个时候,他们可以选择的机会早已过去。所以,处罚的三个目的:威吓、改变和报应,其中两项可以直接删除。我们只剩下第三个选项,也就是惟一的一个。

"信耶稣得永生。所以这也意味着在地狱中的未信者不会有永生,而会灭亡。"

"永恒"这个字所代表的不只具有数量上的意义,也有质量上的意义,它两者兼具。永恒不只代表拥有永远的生命,也指着拥有真实的丰盛生命。因此,不管你从何时开始信耶稣,你从那一刻起就已经得着永生。是的，你会得着持续到永远的生命。你除了将与神拥有持续到永远的关系以外，生命也会拥有特殊的质量，因为"永恒"这个字也是在指生命的质量。而在圣经中也提到永死，如同我曾说过的，死亡是一种状态，指的不是不再存在，而是被毁坏。至于"灭亡"这个字的意思，就是提问者所引用的这个字的字面意义。

"'信心若没有行为就是死的'和'人称义是因着信'这两段经文分别出自雅各书和罗马书。罗马书7章25节说到，'我以内心顺服神的律，我肉体却顺服罪的律了。'如果地狱是一个永远折磨人的地方，那么是否一个人只要在心中接受了耶稣，单单靠着信心就可以得救呢？或者需要有行为的配合？"

如果可以，我想要就这个主题讲一整篇的道，因为这是非常重要的一件事。雅各所说的"信心"和"行为"指的是什么？保罗指的又是什么？单就行为的部分来看，他们所说的是不同的两件事，除非你能够了解，不然很可能会完全搞错焦点。

雅各并不是说，"信心若没有善行就是死的。"他说的是，"信心若没有行为就是死的。"这是非常不同的两件事。他想要表达的意思是，行为就是一个人根据他所相信的去行动的信心。他举了两个例子：亚伯拉罕献以撒，对其他人来说，显然不是一件善行；妓女喇合欢迎探子进到耶利哥也是一样。雅各真正想要说的是："如果所谓的信心只是在心理上接受，却未产生相应的行为，那不是真正的信心。"

我们家小孩过去常常和我玩一个小游戏，他们爬上三四级高的台阶，然后说，"爸爸，我们来玩信心游戏。"我过去站在楼梯的底部，并把双手放在身后。然后他们纵身一跳，看看我是否会接住他们。这是一个相当残酷的游戏，不是吗？事实上，我一定会伸出手来接住他们。但重点是，他们得要在我把手伸出来之前就跳下来，这就是信心。一个小女孩带着一把雨伞前去参加祈雨祷告会，这就是信心。信心若没有行为就是死的。

换句话说，信心是你用自己的意志去付出的行动，它包含心智上的理解和心中的感觉，但基本上就是你决定要去做的事。你将自己的未来押注在神身上，你要跳到祂身上。你是在说，"神啊，我将我的生命交在你的手中。这样会有风险，但我这样做是因为我相信你会来接住我、拯救我。"这才是真正的信心。所以雅各说，"信心若没有那样的行为是毫无用处的。"因为魔鬼心中也相信神的存在，但他们从未有任何回应的行动。

当保罗谈到人称义是因着信，而不是行为时，他所说的行为则是指遵行律法、善行和遵守十诫。他所说的和雅各所要表达的在本质上是完全不同的。他在说的是，惟独信心，而非善行，可以使你得救。他也一定会同意雅各所说的，信心需要有行动，甚至他会进一步地说，如果是真实的信心，必然会产生爱和善行。但他也非常谨慎地保护我们不会因为误解而以为我们只要做好事就可以上天堂。能够对此有清楚的认识是非常重要的。"信心若没有行为就是死的。"如果是有信心的行为，迟早就会产生善行，但不是因着这些善行而使我们得救，因为律法的行为无法使我们得救。

"提摩太前书1章20节说，'……把他们交给撒但，使他们受责罚就不再谤渎了。'这和地狱有任何关系吗？"

不，一般会相信撒但有能力把疾病和死亡带给交在它权下的人，但我认为那是另一件事。这节经文和地狱无关。

"路加福音12章5节，'当怕那杀了以后又有权柄丢在地狱里的'和希伯来书2章14节，'特要藉着死败坏那掌死权的，就是魔鬼'这两节经文有关联吗？"

我想，发问的人想要问的是，我提到"那杀了以后又有权柄丢在地狱里的"不是魔鬼，我是不是搞错了？

不，我不认为我在这个部分搞错了。我认为路加福音第12章中所提到的是神，因为魔鬼会在地狱中被灭掉，而不是说地狱是被它用来掌控和处理人的事物。圣经从来没有说，"有人被丢到魔鬼的地狱去了。"而是，"有人与魔鬼一起被丢到地狱去了。"魔鬼只是被丢到地狱去的其中一个受造，而不是在掌管地狱。魔鬼不负责惩罚其他的受造，而是被惩罚。我认为有这样的观念相当重要。希伯来书第 2 章提到耶稣败坏那掌死权的,也就是魔鬼。而耶稣的确败坏了魔鬼的权势,并已经释放了那些因怕死而被捆绑的人,因为人们知道死将他们带到基督面前,而不是魔鬼面前。因此,就某个层面而言,死亡对于我们属灵的朝圣之旅是一种帮助,而非阻碍。因此死亡不再是我的仇敌。

"拉撒路和睚鲁的女儿所拥有的复活身体是什么样子的?是否和耶稣的复活身体一样?"

答案是,他们的身体和耶稣的复活身体不一样。他们的身体会继续变老,最后再次死亡,回到坟墓里面。事实上,我把他们这样的身体称之为"复苏的身体(resuscitated body)"——就像一个人的心脏停止跳动一段时间后,在手术台上被复苏一样。他们被带回到这具老旧的身体里,他们会再次生病、倦怠、疲劳、衰老和死亡。主耶稣的身体并不像那样,祂是第一个拥有不朽的复活身体的人。但他们的身体肯定还是和一般人有所不同。

"当你死亡时,是否立刻就会被审判呢?"

不,你不会。所有人都必须要等待那大而可畏的审判日来到。

第六章 更多问题

"一个曾经是基督徒的人,失去信仰,在他过世时会发生什么事呢?"

一个曾经是基督徒的人,失去信仰,然后死亡。这样的命题是有问题的。关于"你是否可能不再是基督徒?"这个问题,新约圣经中的证据显示有95%的可能性是"不可能"。你一次得救,就永远得救。

我之所以说是95%,是因为有一些经文,特别是在希伯来书第6章和第10章,以及其他一两处地方,的确显示有所谓"叛教罪(the sin of apostasy)"的可能,就是曾经接受耶稣基督,之后却全盘否认祂,并说祂不是神的儿子,不是救主;或说祂的血无法洗净我们的罪——全然否认福音。有些经文似乎点到,如果你已经到了一个全然否认基督的地步,并说祂不是神的儿子、不是救主,也从未由地狱当中拯救任何人。根据使徒约翰所说的,这样的罪是要被判死刑的,但我认为这只有5%的可能性。所以我选择用95%的时间去传讲有95%可能性的内容,我认为这是我的立场。这与一个走岔的基督徒——明显失去其信心且落入罪中,却仍然相信基督是救主,为他们而死,但在生活上却一点归属感都没有——两者是非常不同的。那是一种完全不同的状况,叫冷淡后退。这在许多人身上都曾发生过,但祂的恩典何等奇妙。祂竟然有办法将这样的人重新带回,有时甚至是在他们离死亡还很遥远的时候。这是完全不同的两件事。冷淡后退的基督徒不同于叛教者,叛教指的是否认福音的真理，就好像你将神的儿子重钉十字架，并将你自己与可以拯救你的真理隔绝了。在知道真理的情况下冷淡后退是一回事，但全然否认福音的真理又是另一件事。我认为有许多基督徒在过世时是处在一种逃离基督的状态。但答案是，他们仍会和基督在一起。若他们逃离耶稣，却又和祂在一起时，他们会感到羞愧，但他们仍会和基督在一起。祂不会轻易松手。我认为经上说到在十二使徒当中的犹大往自己的地方去了，这对我们众人而言是一种警告。但耶稣说，"我保守了他们"，所以是祂在保守我们，而不是我们在保守祂。祂又说，"谁也不能从我手里把他们夺去。"这才是重点之所在。

"当耶稣在阴间对挪亚时代的人传福音时，他们是否真的得到第二次的机会呢？"

我不知道。主耶稣去向他们传福音，我认为如果不可能有结果，祂就不需要浪费时间来做这件事了。因此我推测他们的确得到这样的机会，但他们也是圣经中惟一提到有这样机会的一群人。

"我们终有一天能与所爱的人在天堂欢喜相会。但这样的喜悦是否可能因为所爱的人不在天堂而改变或被破坏吗？"

我已经回答过了。你所爱的人都会在天堂。

第六章 更多问题

"如果我们在来世会拥有一个身体,那么我们可以看见神吗?因为祂是个灵。还是只能看见耶稣呢?"

我的答案是,圣经中已经有够多的经文告诉我们,我们能看见神。"清心的人有福了!因为他们必得见神。"圣经上也说,我们应当寻求圣洁,因为非圣洁没有人能见主。一次又一次地,我们确信自己得到了这样的应许,有朝一日,我们将能认识神,如同祂认识我们一样。

有朝一日,我们不再像对着镜子观看,模糊不清,到那时就要面对面了。而在现今的时代中,我能从下面这些镜子中看见神。我能在自然的镜子中看见神,但那只是祂大能和神性的模糊反射。我能在圣经中看见神,但这也只是模糊的反射,虽然它比自然的镜子来得更加清晰。我能在圣徒的脸上看见神,但这只像是镜子里昏暗的反射。目前还没有人见过神,但有朝一日,我们的视线将由镜子转开,要来与神面对面相见。圣经写到,"从来没有人看见神"。但耶稣已经见到祂,而祂也应许我们说,我们也会见到神。我不知道要如何使肉眼可以看见灵,但我相信神能够做到这一点。

死后的生命

"如果耶稣在祂死后去到地狱,这是否意味着那些在地狱中的人还有机会呢?有许多人信主,却没有机会做合宜的祷告来请求祂的饶恕,或将自己交给祂。他们是否还有机会呢?"

这事实上是两个问题。关于第一个,我不相信耶稣在祂死后去到地狱。我相信的是祂去到阴间,两者是不同的,或者说是不同的地方或状况。阴间这个字指的是亡灵的世界,所以我并没有说耶稣去到地狱。我知道在现代英文版的使徒信经上是写"地狱(hell)",但在原来的版本中并不是那样的,而是"祂下到阴间(Hades)。"我认为在彼得前书第3章中所说的那些在挪亚的时代中被水淹死的人,他们是有希望得救的,但圣经并没有其他的经文说其他人有这样的恩典。因此,我不敢说他们还有机会。

另外一个问题是说,许多人信主,却没有机会做合宜的祷告来请求祂的饶恕。信祂不单单只是相信祂的存在,或者相信有一个名叫耶稣的人,而是信祂是你的救主。不管你的祷告是否合宜,祂知道你是否真心相信祂是你的救主,除此之外的都不是真的相信。就某个程度来说,魔鬼也相信耶稣,因为它知道有一个名叫耶稣的人,也知道祂为世人的罪受死,且死后复活。撒但知道这些,但这并不是真正的"信"。就算我们的祷告不合宜,但我们来到祂面前,求祂成为我们的救主;在这样的情况下,我很确定并不需要第二次的机会,因为我们已经得救。

第六章 更多问题

"果真如此,这岂不是说那些有人为他们受洗的(死)人会有第二次的机会吗?"

在谈到为死人受洗的那些人时,保罗指的是异教徒的习俗,而不是基督徒的。他藉由这样一个异教的习俗来和基督徒辩论。他想要告诉他们,要不是异教徒相信有死后的生命,他们就不会为死人受洗。所以身为基督徒,应该要更加相信有死后的生命才对,然而基督徒却不相信。他不是在争论"为死人受洗"这件事,因此问题的第二个部分也已经一并回答了。

让我感兴趣的是,一些周日会上教堂的人觉得应该有第二次的机会,但圣经没有这样说,而是认为今生是人可以回应"光"的惟一机会。我认为对于会有第二次机会这样的想法,我们应该要特别谨慎。

"如果普救主义和自由意志是相反的,那么关于原罪的教导不也是如此吗?因为它意味着所有的意志都是因着罪的捆绑而产生的,所以没有真正的自由意志。"

我无法在一分钟内迅速回答这个问题。整体而言,这个问题与预定论和自由意志有关,但我还没遇过有任何一个人可以在很短的时间内把这个问题讲清楚。

容我这样说,对我来说,圣经同时教导神的主权——也就是预定论,和人的责任——也就是自由意志。圣经同时教导这两者,所以我两个都相信。我相信神的主权,也相信人的责任。我认为只相信其中一种的人会很希望圣经可以被重写,但我两种都相信。要把这两者有逻辑的排列起来其实非常困难,所以我承认自己的头脑太小,无法做到。但我真正关心的是,我能够同时相信这两者,并信实地去传讲相关的信息。

原罪和神的主权并不相同。圣经只有简短地提到原罪这件事,大概就是说出生的时候,我们在道德上并非处于中性的位置,然后才变好或变坏的。"我们出生时就带着不好的本性。"圣经对于我们出生时的样子说得很清楚,变坏比变好容易。因此在我们学会说"好"之前就已经先学会说"不"。如果你有小孩,就会知道这当中的道理。除非你自己有小孩,不然你很难去相信原罪。因为你可以从他们身上看见。这些不好的本性会跑出来,然后你会说,"他们这样的本性是从哪里来的呢?亲爱的,一定是从你那里来的。"但这些不好的本性是与生俱来的。

所以真正的问题是:"如果我天生如此,为何我还要为此担责呢?"我不知道为什么,但我知道我需要担责。圣经教导说我们天生如此,但同时也说神要我们为自己所做的负责。我必须说,我无法有逻辑地将之串连起来,但我知道这是真的。一位英国皇家空军的士兵问我说,"军牧,如果你出生在和我一样的家庭,经历和我一样的成长过程,你今天也会做出我所做的那些事。"我说,

"我认为你很可能是对的，但我还是需要为我所做的事感到羞愧，就像你现在一样。"而他也的确如此。如果不是你的责任，你就不需要为某件事感到羞愧。不知为何，我认为两者都合乎圣经。

"知道我们所爱的人在地狱,我们在天堂会快乐吗？"

刚刚我就提到，在天堂里，我们所爱的每一个人都会是神的百姓，所以他们全会在那里。

"你认为未信主的慕道友会问到关于地狱的问题吗？"

有一些会，但是很少。我只遇到一两个人问过。有趣的是，那些听过地狱的人似乎比没听过的人对此更加烦恼，而相信天堂的人反而最常提出关于地狱的问题。说来好笑，但一个生命正在崩塌的人似乎并不难相信地狱，一个知道自己做错的人也是。所以我只能回答说，偶尔，但不是经常发生。大部分的问题似乎都来自基督徒。

"在和慕道友谈话时,你是否会提到地狱？"

这取决于地狱这个词对他来说是什么意思。我希望自己可以知道当我说出这个词时，他会联想到怎样一幅图画。如果神曾经对这个人说，以牙还牙、以眼还眼，或是将来会有报应、交账、算总账的一天，那我会想和他们谈谈地狱。但如果提到这个词只会带给他一个错误印象的话，那我就只会提到相关的概念，而不会直接去提这个词。

"所有的灵在死后都会去到阴间，而阴间又分成给基督徒的乐园和未信者的监狱，这样对吗？果真如此，绵羊和山羊被分别开来的时间点就应该发生在死亡之后，而非白色大宝座的审判之时。"

不是的。如果我们仔细阅读这一个比喻，就会发现绵羊和山羊被分别开来是发生在天堂和地狱这个终点之前，但我的确认为在先前的阶段就已经有一定的分别了。乐园不是应许给基督徒的那个永恒国度的完全彰显；监狱同样也不是地狱的完全彰显。其中不同的一点就是，魔鬼和它的天使不会出现在阴间，但它们会下地狱。在死后生命的第二阶段和第三阶段还是会有一些差别之处。所以虽然在这个阶段中就有一定的分别，但这还不是最终绵羊和山羊的分别。

"如果基督为了我们而经历地狱，但神无法直视罪和地狱。这样的话，神如何将基督由地狱中拯救出来呢？"

这里有许多的"假如"是我需要先来处理的。耶稣经历了地狱，但我想表达的意思并不是祂穿越了那个叫地狱的地方，而是祂有过地狱般的经历。祂是惟一一位在今生就经历过地狱的人。当他被钉在十字架上，天父也转

第六章 更多问题

面不看祂时,祂就是在为我们经历地狱。我坚信祂不是在死后才经历地狱的,而是在祂死前所经历的黑暗和神的离弃之中。天父拯救主耶稣脱离的是阴间,而不是地狱。祂死了之后去到阴间,并在第三天由阴间复活。

"如果基督徒知道自己的家庭的成员或所爱的人将会或已经下地狱的话,对于他们而言,有什么是值得安慰的吗?"

这是一个非常真实也非常深的问题。第一件值得安慰的就是,神为你所爱的人做的事永远是绝对正确和公平的。第二件值得安慰的就是,有可能他们已经信主,但你却不知道。我认为这类的事经常发生,因此我们可能会在天堂中发现一些惊喜。我会说,因着这个非常诚挚的问题,使传福音这件事显得更加重要。我们应该在家人过世之前就去关心他们,而不是之后才想要去关心他们。我们现在就有机会去回应这件事,不需要使用强迫或会冒犯到他们的方式,但我们应该要去关心他们。

"关于地狱,最可怕的事是否是罪人将会渴慕神,却永远无法触碰到祂,而不是火湖——因为火湖可能只是一种比喻?"

我不知道在地狱中最糟糕的会是什么,虽然我知道那一定会很可怕。但我认为对神的渴慕可能不会发生在地狱中,因为老实说,如果一个人会渴慕神,应该在他们还在世时就已经开始了。罪会影响你的一点就是降低你对神的渴慕，直到完全没有。所以我认为在地狱中比较像是没有对神的渴慕或感知。虽然他们可能会渴慕天堂，但那又完全是另外一回事了。

最近，当我在讨论天堂和地狱时，有人对我说，"跟我说说有关天堂的事"。事实上，我待会就会和你们分享关于天堂的事。在我跟他说完之后，他说，"你知道吗？那对我来说才是地狱。真的。我不觉得会有比和许多基督徒永远唱着圣歌更糟糕的事了。"他真的说那会是地狱。老实说，我们应该了解到，罪会挪去人对天堂的期待。所以在地狱中最糟糕的事很可能是对天堂完全没有期待。我不知道，我只是用猜的，我不知道哪个会更糟。

"叫一切……因耶稣的名无不屈膝"（腓立比书 2 章 10 节）。这是否意味着在审判日之后，即使是恶人也会顺服，并承认基督是主吗？

答案是，不是那个意思。这段经文的确意味着当他们看到耶稣时，他们会承认祂是主，但你会注意到经文上没有说所有的人都会宣告祂是救主。甚至魔鬼和恶魔都会承认祂是主，也就是祂是王、是老大、是主人，但祂期待的是人会称祂是救主，这和称祂是主很是不同的。

第六章 更多问题

"那些心智有缺陷的人被带到天堂后会变得心智健全吗?"

答案是,我不知道。我必须把这样的人交在神手中,但就我对神的了解,我相信我可以完全信任祂会做最好的选择。随着年纪增长,我们经常会发现自己的心智变得愈来愈虚弱,许多伟大的圣徒甚至是带着精神疾病离开人世的。我很确定他们在荣耀中将会有健全的心智,因为事实上,他们心智退化的原因纯粹是物理因素,是其身体衰老的一部分。衰老是属于这个世界的,与来世无关。很可能精神疾病在来世也会有类似的医治方式。

"关于乞丐拉撒路的故事,我所留下的印象是,这个故事精确地描写了死亡之后生命会立刻进入的状态。虽然已经没有肉体,但经文中却特别提到眼睛、手指和舌头。可以请你澄清一下吗?"

我可以很快回答这个问题——答案是,没有办法澄清。我可以清楚地说的只有一点,死后的生命是会有意识的。我们想要拥有意识就得要拥有官能。因此,圣经中使用这些与感官相关的词汇来表示我们会拥有意识。想一想,我们会说神的双眼、神的双手、神的双脚。是否这就意味着我们认为神有眼睛、双脚和双手吗?不是的,但这是我们所知道的对于有意识的个体的惟一存在方式。我认为那就是这段经文所提到的内容。

死后的生命

"我理解你的推论就是，在阴间的状态中，撒但无法再继续诱惑人，因为它只能透过人的身体和活动来诱惑人。那要如何来解释人在阴间时心理上的残忍、愤怒、欺骗和苦毒等类的事物？"

圣经中没有任何地方提到撒但会进到阴间。撒但只在末期时才被提到。根据我的理解，在末期之前，撒但都还待在（第二层）天上，而不是在地狱中。它要一直待在（第二层）天上直到末期快要来到之时。所以要和撒但联系，就需要穿过这些不同的天界。事实上，一旦你凭信心与基督一同坐席在天上时，就已经开始在与那些执政掌权的恶魔在争战。我认为这就是为何撒但无法诱惑或碰触在阴间的人的缘故。这些人只是处在他们原本就已经成为的状态之下。而我所知道的大概就是这些了。

想一想我对刚才那些问题的回答，如果你无法在圣经中找到确据的话，请把它们丢掉，因为我的意见着实一文不值。但就其中的一些无法在圣经中直接找到答案的问题，我就只能把我所认为的答案分享给你们，但请不要将之认为是具有权威性的真理。

第六章 更多问题

现在我想要和你谈谈天堂。

阅读约翰福音 14 章 1-6 节

我听过很多人说他们不认同基督徒所相信的地狱,但却没有很多人反对基督徒所相信的天堂。我认为这个道理很简单,但有一些人还是会继续批评攻击基督徒所相信的天堂。就另一方面来说,也有人说这全都是幻象,只是童话故事,全都只是花园里的仙子(译注:比喻不真实的事)而已。而且关于珍珠门、黄金街和琴的这些描述全都非常荒谬。实际上,这一箩筐关于天堂的笑话显示出人们是如何地轻视基督徒所相信的天堂。其中大部分的笑话都和珍珠门有关,我不知道是否他们觉得这些门会将其关闭在外,因而感到被冒犯,于是就有了一系列关于人们抵达珍珠门时所发生的笑话,可能你也曾听过一些。

撒都该人把天堂当成笑话。他们来到耶稣面前,说他们不相信天堂的存在。耶稣说了为什么他们无法相信的三个原因。第一,他们想透过地上的情况投射到天堂的情况中。这是他们所犯的第一个错误。天堂和地上是如此的不同,所以我们无法用地上的事物来比拟天上的事物。第二,祂告诉他们说,他们之所以弄错了是因为他们忘记了神的大能。如果我们还记得神是如何用祂的大能来创造这个世界以及生命的奇迹,祂所创造的天堂岂不更加美好吗?如果我们认为天堂不可能是真的,那是因为我们忘记了神的大能。第三，耶稣对法利赛人说，他们自喻为圣经专家，却不知道神真正的心意。总而言之，他们无法相信天堂存在的原因是因为他们以地上的事物来判断天上的事物——第一个错误；他们忘记了神的大能——第二个错误；而第三个错误就是，他们并不了解圣经。

有时要我们去想象其他世界到底长什么样子是非常困难的。南大西洋上垂斯坦昆哈岛（Tristan da Cunha）的火山爆发后，英国政府将当地的居民迁移到伦敦来。这些人从未看过地铁，或是摩天大楼，甚至是高于一层楼的建筑，但现在他们来到了伦敦的市中心。在他们参访伦敦各处的照片中，你可以看到他们的眼睛瞪得像铜铃一样大。他们对于所见之物无法置信的程度，与那些使用地铁、住在摩天大楼中的人想象天堂，其实是差不多的。这不代表天堂不是真实的，但的确会令人难以想象。

有些人更进一步地说，天堂不只是幻象，还是一种毒品。第一个这样说的人名字是查尔斯·金斯莱（Charles Kingsley），他写了一本书叫《水孩子》（*Tom and the Water Babies*；中文导读英文版由清华大学出版社出版）。查尔斯·金斯莱说到，"宗教是人们的精神鸦片（religion is the opiate of the people）。"他又接着说，太过专注于天堂会使得你在地上百无一用；一直活在云上，会使你对于发生在工厂的童工以及查尔斯所反对的一些事——发生在哑剧儿童和扫烟囱男孩身上的邪恶——变得漠不关

第六章 更多问题

心。虽然这当中的确有一定程度的真实，但查尔斯·金斯莱是英国圣公会的神职人员，而且他不是说，"将天堂全然忘记"。只是说，"不要一直活在天上，以至于你在地上百无一用"。

马克思（Karl Marx）引用了查尔斯·金斯莱这位英国圣公会的神职人员所说的话，并把它改成，"宗教是人们的精神鸦片。将天堂全然忘记，这样你就可以在地上做最多的好事。"我要就这点来挑战马克思，因为最相信天堂的人才会是为地上的人类做最多贡献的人。你是否曾听过沙夫茨伯里伯爵（Lord Shaftesbury）这位为英国的社会改革做出巨大贡献的人？在他的笔记本的每一页上都印着这样一句话："主耶稣啊，我愿你来！（Even so, come, Lord Jesus.）"他是一位心系天堂的人，但他在地上却发挥了莫大的功用。

重点是如何在这两者之间取得平衡。但我想说的是，今日的教会在这一点上已经失守，我们不再如同过去一般咏唱天堂的事物。有时如果我想要挑选关于天堂的诗歌的话，就得要去找儿童诗歌才找得到，比如这首："在青天之上有一个小朋友的家（There's a home for little children above the bright blue sky）"。除了会变得更像小孩子一样之外，偶尔唱唱儿童诗歌并没有什么不对的地方，但我在诗歌集中真的很难找到关于天堂的诗歌。我们不再谈论关于天堂的事物。人们曾经经常唱到，"不管是帐篷，还是小屋，我有什么好在意的？祂们已经在那里为我建了一座豪宅。"但我们现在已经不再那样唱了。我们陷入了世人的调调,觉得天堂只是我们死后在天上的海市蜃楼;但我总是告诉人说,至少比在地狱里的痛苦要好上许多。因为人们嘲笑说,"天堂不值得我们留恋",以至于我们开始沉迷于这个世界。我们所谈论的不再是福音将如何拯救我们进入来世,而是如何在今生的政治和社会计划中拯救我们。

这两者应该是并肩同行的,但首要的应该是永恒的世界,所以我要全无羞愧地来和你分享天堂。我们如何知道天堂是什么样子的呢?答案就是,我们拥有三位第一手的目击证人,他们曾去过天堂,并且告诉我们天堂是什么样子的。曾有人这样跟我说,"如果有人曾去过天堂,并回来告诉我的话,那我就相信天堂的存在。"有三个人曾去过天堂,我们可以看看他们到底说了些什么,我相信这些内容绝对是非常丰富的。事实上,我所谈到关于天堂的事物都是由这三个人的见证而来的。

我所要传唤第一位去过天堂的证人名字是保罗。你可以在哥林多后书第12章中读到他的这段旅程。保罗说,他认得一个在基督里的人,他被提到天上去,"或在身内,我不知道,或在身外,我也不知道,只有神知道。我认得这人,或在身内,或在身外,我都不知道,只有神知道。他被提到乐园里,听见隐秘的言语,是人不可说的。"你应该也读过这个故事,保罗曾经去过天堂。接下来是第二位证人,他的名字是约翰。他被关在

第六章 更多问题

拔摩海岛的监牢之中。在主日时，他想到了主耶稣，因此圣灵把他从身体中带出来，并进到天堂。他见天上有门开了，他可以看见天堂的光景，并把他看见的许多事物都写了下来。我们可以在圣经的最后一卷书中看到他所写下的内容。

而我最主要的证人当然就是耶稣本人，因为约翰和保罗都是在耶稣之后才去到天堂的。耶稣是第一位去过天堂的人。你知道约翰福音3章16节吗？但你是否知道在那之前三节的地方，耶稣说了些什么呢？祂说，"除了从天降下仍旧在天的人子，没有人升过天。"换句话说，"我来自那里。我不会一直待在地上。我来自天堂。"然后在刚刚约翰福音3章16节前面的经文中，祂说："我对你们说地上的事，你们尚且不信；若说天上的事，如何能信呢？"

因此，我会说，如果我已经准备好相信耶稣所说关于今生的事，那我也必须准备好相信祂所说关于来世的事。所以如果我还没准备好相信今生的事，那我对祂所说关于来世的事也会有所怀疑。

这三个人说到关于天堂的什么事呢？在这一点上，我们必须使用图像语言，因为要处理的是超出我们过去经验所能理解的现实，使用图像的隐喻会帮助我们比较容易理解天堂的状况。然后我会尝试来回答这三个问题：

天堂在哪里？

天堂像是什么样子的？

谁会在那里？

首先是，天堂在哪里？我无法将之标示在地图上。我记得在20世纪60年代末期的时候，人类号称已经可以使用电波望远镜来探测距离地球8200万光年远的太空。我并不是真的了解那到底有多远，计算机或许可以计算得出来，但我的头脑无法理解。然后就有人说，"但还是没有找到关于天堂的蛛丝马迹。"人们会问，"天堂在宇宙的什么地方呢？"我们说，"我们在天上的父"，而且在说的时候还一边抬头往上看。那么，天堂到底在哪里呢？是不是在8200万光年之外呢？

但我觉得我们可以从不同维度（dimension；或做次元）的角度来看这件事，也就是说天堂和地球不需要距离8200万光年；事实上，天堂就在我们看不见的维度上包围着地球。假设地球被包围在天堂之中是真实的，那么不管你在宇宙的哪一个角落，当你抬起头时，你都在仰望天堂。"我们生活、动作、存留，都在乎祂"，这是真的。我会把天堂想象成一个空间，一个属灵的维度笼罩着地球的每个角落，虽然我们的望远镜和电波侦测不到，但对于那些有眼可看的，他们就可以看见。以利亚说，"耶和华啊，求你开这少年人的眼目"，突然之间，他就看见神的火车火马围绕着他，天堂就是如此靠近。

第六章 更多问题

当尤里·加加林（Yuri Gagarin；译注：第一位进入太空的人类）从太空回到地球之后，他说没有看见神，没有看见天堂，也没有看见天使，因为他认为天堂是一个大笑话。但我想要大声回答说，"加加林，但是神和天使都看见你了，是你自己没有进入天堂，是你自己不知道要如何调整，因此你没有看到天堂。怎么说呢？对于有眼可看的人来说，每一丛荆棘都被火烧着；但对于其他人来说，神却像有数百万光年之遥。"

所以天堂在哪里呢？我不知道，也不需要知道。多马问耶稣天堂在哪里？但耶稣说他不需要知道，因为祂会带他去到那里。这就是"我就是道路"这句话在东方用语中的含义。如果你告诉一个人说，"我就是道路"，你的意思就是在说，"我不需要告诉你该如何去到那里，因为我会和你一起，并带你到那里去——这是最快的方式。"既然我们讲到了天堂，容我提醒你，天堂是基督徒遥远的未来和终点，而且天堂也会包括新地。

对我来说，关于天堂的其中一样荣耀就是地球也会被包括在其中。在我看来，基督徒很可能可以自由的太空旅行，完全不需要乘坐昂贵的商用火箭——全宇宙都自由地掌握在人类手中，这是我很期待的。虽然这听起来很神奇，却是千真万确的。我的曾祖父曾说，"你居然相信这三个人可以去睡在月球周围，这实在太夸张了。"从字面上来看，他一定以为我已经疯了，但这是千真万确的。仅仅因为一件事很神奇，不代表它就不是真的。

我相信会有全新的宇宙，新天新地，万物都会被洁净、更新。此外，将会有一个大都会成为新的首都。现在就有人开始在讨论如何建造太空城市，并希望把通往这个太空城市的卫星连结起来。这听起来虽然很了不起，但神早就想到了这个点子，并应许要成就这事。祂会建造一座太空城市，而且根据圣经，它的大小将有 1500 平方英里那么大。

人们有时会跟我说，如果所有的人都复活的话，这整个世界将变得非常拥挤。但如果我们可以住在一个新的宇宙之中，那一定会有所不同。如果我们新的首都将会有 1500 平方英里大的话，那一定会有所不同。因为就算你想要将整个欧洲都塞进去也不成问题。让我们相信圣经上所说的，而不要只是将之当作童话故事。我们说的是一个全新的宇宙和一座太空城市。

"我又看见圣城新耶路撒冷从天而降"。你看，人所建造的一切都是由下到上，但神所建造的一切都是由上到下。我们建造巴别塔想要通天，但是神来到时，祂往下建造，并说这里是祂的城市。而我们真正想要居住在其中的那座城是神所经营、所建造的。设计师们至今还在争论理想城市的规划会是什么样子的，但他们永远无法找到那个理想城市的规划，直到新耶路撒冷从天而降。然后那些基督徒设计师就会说，"哎呀，为什么我都没有想到过呢？"这就是理想城市的规划了。那它现在在哪里呢？我不知道。我只知道耶稣曾说，"我去为你们

第六章 更多问题

预备了地方,也必再来接你们到我那里去。"而这对我来说就已经足够了。

天堂像是什么样子的?我要列出一些不会出现在那里的事物,以及一些会出现在那里的事物,这会让你对天堂的样子开始有一些概念。让我举一个例子。在天上的圣城中没有圣殿。相较于大多数地上城市都会建有各式尖顶、圆顶或尖塔的宗教建筑,天上的圣城中并没有教堂或寺庙。为什么呢?因为你可以随时随地敬拜神,所以不需要有特别的场所来敬拜神。"我未见城内有圣殿。"

我必须承认,有一件事很令我失望,但因为其他的部分是如此奇妙,所以我可以忽略这个令人失望的情况。这件事就是天堂没有海,这是在圣经中很清楚提到的。海是人类的大敌,在新的宇宙中将没有海。老实地说,还有一件事会让一些人觉得"那是地狱"的:就是在天堂中不会有性关系。性关系是为了地上的生活赐给我们的。我们在地上需要有性关系,但在天上就不需要了。对于那些沉迷于其中的人,他们会为此感到不开心,但我们要知道的是,每一个在天堂的人都会拥有真爱,不管他们在地上时是结了婚还是单身的。每一个在天堂的人都会拥有最完整的爱——但没有性关系。

不再有痛苦、医院、庇护所、疗养院、殖民地、监狱或是难民营。距离或死亡不再能使我们隔绝,因此也不再有伤悲。"神要擦去他们一切的眼泪。"不再有阴影,因为圣经说，神是光，所以不再需要太阳或是月亮，因为神的光照亮各处。没有阴暗的巷道、阴影或黑暗——只有神的光；这就是为什么在地上的教会也应该是一个充满光的地方，因为神就是光。人们会认为宗教生活好像都很黯淡，但那完全是异教的观念。我们应该拥有最光明的教会，因为神就是光。更重要的是——老实说，这就是天堂之所以为天堂的地方——在天堂中没有罪恶、没有坏脾气、没有私欲、没有愤怒、没有忌恨、没有嫉妒、没有小气，也没有八卦。你可以想象那会是怎样的一个光景吗？我无法想象，但在天堂中将不再有罪恶。

刚才是一些不会出现在天堂的事物，但在天堂会有什么事物呢？这里有一些会出现在天堂中的事物。在天堂中会有安息。容我再说一次，这并非意味着天堂会有许多摇椅或机场贵宾室一样的地方。令人惊讶的是，很多人真的是如此认为的。圣经中所提到的安息指的是没有心理或属灵挫折的安息。耶稣说，"凡劳苦担重担的人，可以到我这里来"。祂说的是那些千方百计想要达到神的标准、但因为没有达标而感到挫折、觉得自己好像被困住的人。祂说，"我就使你们得安息。"在天堂中的安息还是会有忙碌，会昼夜不止息地服事神，会有24小时的轮班工作，但这种安息会让你不再感到挫折，你可以去做你想要做的事，你不再感到自己好像被困住一般，也不再会有"我希望当时可以做得再好一点"的感觉。在天堂中会有安息。

第六章 更多问题

在天堂中会有奖赏,我在上个星期的主日中谈到了一些——特殊的服事、殉道和其他一些奖赏。在天堂中会有你需要担负的责任,而这个责任的大小将取决于你在地上信实的程度。如果你信实地做好在地上的责任,在天上就会拥有更大的责任,所以在天堂中会有不同级别的责任。在天堂中会有关系。我不清楚你是否曾经想过,但你在天堂会有不同的名字。遇到你的时候,我不会说,"哈啰,查理布朗(译注:史奴比中主角的名字)。"或是你原本在地上的名字,就像你也不会对我说,"哈啰,大卫鲍森。"我们都会有新名。我们在天堂的样子和地上将有很大的差别。我们将会成为完全,意思就是说,因着我们完全荣耀的本性,我们也会需要有一个与之相称的名字,所以我们会有新名。我很好奇你在荣耀中的新名会是什么。

在天堂中会有启示。在天堂中不会有不准发问的时间。我们会知道所有问题的答案。在天堂中会有知识、亮光、启示和理解。在天堂中也会有公义。在天堂中不只不会有罪恶,在那里还会有良善、洁净、正直和圣洁。如果你告诉别人说有一个只有圣洁的地方,他们会说,"那里是地狱",但那里真的不是地狱,是天堂。

在天堂中会有喜乐。天堂的诗班会因为有你的加入而更丰富。我知道你现在可能是个音痴,或只能在地上为主发出一些喜乐的呼声。但在天堂,你会加入诗班之中。你将会有最美妙的声音。我们去到天堂之后,最先要做的就是学唱一首新歌。另外,我们也会唱着摩西的歌。如果你研读圣经的最后一卷书的话，你会发现当中关于歌唱的部分，只比诗篇少一点，但比圣经中任何其他的书卷都来得还要多，就如同在圣经中写到的，你会在天堂不断地唱、唱、唱。哈利路亚大合唱就是来自启示录之中的。启示录从头到尾都在不断歌唱，而且要唱到永远。所以如果有人说"那将会非常无聊"的话，千万不要相信他们！

我不想要永远住在这里，我同意天文学家佛莱德·霍伊尔（Fred Hoyle）的观点，他曾经在广播当中说到，如果他可以选择，他想要活到 300 岁。他觉得 70 或 80 岁的寿命实在太短，如果 300 的话应该会刚好，但这是因为他在地上的缘故。在这个世界上，生命实在太短暂了。感谢主，现实的确是这样的，因为这会让我们感到不满足。如果在这个世界上的生命长到够我们去做完我们想做的所有事，去探索神所造的一切，我们就会想要在这里待得更久一点，但我们现在会为此感到挫折、会为此叹息。就是因为生命太过短暂，我们才会想要为未来做好预备。

谁会在那里？有人曾经告诉我说，"天气好得像天堂，但同伴差得像地狱。"很多笑话都是这样的。事实上，我会说，关于同伴，天堂是最棒的地方。我认为地狱最糟糕的其中一点就是在那里有着极端自私的人，而且彼此缺乏沟通。天堂最荣耀的地方就是彼此之间会有完美的关系。所以谁会在那里呢？天堂不是空荡荡的，它会充满人群。

第六章 更多问题

我想在此先说四种。首先,圣徒会在天堂。一个大家庭——你将需要花上永恒的时间才能认识他们每一个人,这是一个大家庭。这个家庭如此庞大,没有人能够数得清到底有多少人。家庭的成员也会非常多元,不同的族群、部落和语言。不同肤色和种族的人也都会有代表在天堂。天堂的文化和音乐是不是会很有趣呢?如此多元而有趣的家庭——先知、使徒、殉道者和改革家。你想要先认识哪一个呢?我愿意付出任何代价来和保罗相处一个小时,好了解他在某些经文上想要表达的意思。但无论如何,我很开心可以跟保罗这位小个头的大宣教士说话。此外,我也可以和亚伯拉罕、以撒、雅各和摩西说话。所有的圣徒都会在天堂,就是你所有的属灵家人,而不会有其他的人。

其次,天使会在天堂。千千万万的天使会将天堂塞得水泄不通。如果你从前不相信有天使存在,到了那里之后你就会相信了,因为你将会遇到他们,并和他们一起分享天堂。令人感到讶异的是,现在天使的地位比我们高一点,但在天堂的时候,我们的地位将会比他们高一点。神的心意是要使我们的位置对调,所以圣经上说在天堂时,天使将会来服事我们。我不清楚你在地上是否有仆人来服事你?但你在天堂将会有仆人——天使来服事你。

羔羊会在天堂。耶稣会在天堂。祂长什么样子呢?我不知道,但我们会看到祂手上的钉痕。我经常会想象祂长得像什么样子，但我从未看过能让我觉得满足的画像。我曾经收集过各式各样有着耶稣画像的明信片。我收集了30张，然后看着他们说，"没有一张是对的"，所以我又自己画了一张。我花了好几个星期来创作，但在画完之后，又将他们撕碎，然后丢掉。祂到底长得像什么样子？我们必得见祂的真体。耶稣会在天堂。

最重要的是，天父会在天堂。天堂是天父的家，孩子们喜欢回家，尤其是一位那样慈爱的天父。对于属神的人来说，我认为最奇妙的地方就是天堂是天父的家。贝登堡（Baden Powell；译注：童军运动创始者）是一位拥有真正基督信仰的人。在他死后，他们将他埋葬，并在他的墓碑上刻上他的名字、出生和死亡日期，然后画了一个圆圈，中间有一个点。你知道那是什么意思吗？如果你曾当过童军，就会知道这是什么意思了。这是一个追踪记号，意思就是"已经回家了"。如果你想要找到我，就必须到我家来。在每一个基督徒的墓碑上，你都可以刻上这样一个记号——已经回家了。

我已经和你分享了死亡、中继状态、身体的复活、列国的审判和地狱，现在又谈了天堂。最后我想为你读一段申命记中的经文，这是摩西临终之前对以色列的百姓说的话："我今日呼天唤地向你作见证，我将生死、祸福陈明在你面前，所以你要拣选生命，使你和你的后裔都得存活。"

第六章 更多问题

我想要以这段经文做为结束的原因是因为我不只是在谈论一些学术上的东西，我也是在谈论你我的未来。我用摩西的话来作为结尾，因为在某种程度上，他想为以色列百姓做的也正是我想做的。我今日呼天唤地向你作见证，将所有男男女女都要面对的两种不同的未来——生死祸福、天堂或地狱——陈明在你面前。所以你要拣选生命，使你得存活。

对我而言，这说明了什么呢？第一，圣经是正确的，只有两个终点；第二，你不是在这两个终点之间选择，你惟一能做的选择就只有选择天堂。就算你不做任何选择也会去到另一个地方。我曾在一家教会外面看到一幅海报，虽然有些直白，但所说的确实是真理。海报上面写着："通往地狱的道路——继续直行；通往天堂的道路——右转。"这就是真理。你需要做的选择就是选择天堂、选择生命。没有人是意外去到天堂的。但很多人却是意外去到地狱，要不然就是因着某个善意的原因，要不然就是忽略了这么偌大的救恩。你要拣选生命。

那你要如何选择才能上天堂呢？藉着努力活出良善的生命？不。或许那样可以达到三分之二，但还是不够。藉着努力有好的宗教生活？不。藉着加入教会？不。藉着受洗？不。藉着领圣餐？不。虽然它们都有其重要的位置。那你要如何拣选生命呢？藉着拣选耶稣，这是你惟一可以做的选择。因祂经历地狱，我们可以上天堂；

因祂成为咒诅,我们可以得祝福;因祂死亡,我们可以活下去;因为十字架的意义就是祂为我们死,我们可以得饶恕。因着祂的死,神可以说我们是好的,因着祂宝血的拯救,我们可以上天堂。

我只希望在那一天,当我们环顾四周,看到在荣耀中的众人时,没有少了任何一个人。光是可以在基督同在中永远地看着我们每一个人这件事就是天堂了。我最不想要见到的就是,在面对基督的那一天,祂对我们说,"但你知道该怎么做才对,你知道未来会是什么样子的。你曾在吉尔福德(Guildford)镇的商业道浸信会(Commercial Road Baptist Church)做礼拜,听闻真理,而且知道该要如何去回应。"

让我们这样来祷告:喔神啊,我们慈爱的天父,你已经做成了所有可以使天堂的门向我们敞开的事。我们为着天堂的大门向所有信你的人敞开来献上感谢。我们知道在你的国度中只有乞丐,就是那些愿意来向你祈求怜悯的人。因此我们恳求你来帮助我们,知道我们的未来取决于我们现在如何回应你的话。好在那大而可畏的日子来临之时,当你呼召你的百姓进入荣耀之际,我们不会错过。我们奉主耶稣的名,并因着祂的缘故来求。阿们。